From
Strength
to
Strength

FINDING SUCCESS, HAPPINESS, AND
DEEP PURPOSE IN THE
SECOND HALF OF LIFE

人生後半の戦略書

ハーバード大教授が教える
人生とキャリアを再構築する方法

アーサー・C・ブルックス　木村千里＝訳

いかに幸いなことでしょう
あなたによって勇気を出し
心に広い道を見ている人は。
嘆きの谷を通るときも、そこを泉とするでしょう。
雨も降り、祝福で覆ってくれるでしょう。
彼らはいよいよ力を増して進み
ついに、シオンで神にまみえるでしょう。

詩編84編6－8節（日本聖書協会『聖書 新共同訳』より）

はじめに

機内にいた一人の男性が私の人生を変えた

「もう誰からも必要とされていない、なんてことないわよ」

背後から年配女性の苛立たしげな声がします。ロサンゼルスからワシントンD.C.へと向かう深夜便の機内は消灯されひっそりしていて、乗客のほとんどが寝るか映画を見るかしています。私の姿も見えます。ノートパソコンとにらめっこして、がむしゃらに何かを仕上げようとしています。その「何か」が何だったのか、今となってはさっぱり記憶にありませんが、当時は「私の人生と幸福と未来がこれにかかっているんだ」くらいの感覚がありました。

女性の夫と思《おぼ》しき男性が、ほとんど聞き取れないような声で言葉を返します。

再び女性の声。

「死んだほうがましだなんて言わないで」

私はすっかり2人の会話に気を取られます。聞き耳を立てるつもりはないのに、聞かずにはいられません。同情半分、社会科学者としての好奇心半分で話に耳を傾けながら、頭の中で男性のイメージを膨らませます――その歳まで懸命に働いてきたのに、たいして名をあげられなかったんだろうな。きっと夢が叶わなかったことに失望しているんだ。「あんな仕事やこんな勉強や起業をしたかったのに」と。どれ1つ実現しないまま、今や引退を余儀なくされ、昨日の新聞のように捨てられたんだ。

飛行機が着陸して機内の照明が戻り、とうとうそのうらぶれた男性の顔が見えます。私は愕然とします。そこそこ名の知れた人物、というか、有名人じゃないか。80代半ばになった今も、若かりし頃に発揮した勇気と愛国心と功績を讃えられ、国民的英雄として愛されている。私が幼い頃から憧れてきた人物だ。

男性が後方の通路を進んでくる間に、男性に気づいた乗客たちから敬意のこもったささやき声がもれます。コックピットの前で乗客を見送っていたパイロットがその顔に気づき、私の気持ちをそっくりそのまま代弁します。「子どもの頃から憧れておりました」。すると男性は、ついさっきまで死にたいと思っていたらしいのに、過去の栄光を讃えられて輝くような笑顔を返します。

私は首をかしげます。実に嬉しそうで誇らしげな目の前の男性と、「死んだほうがましだ」と言った20分前の男性と、いったいどっちが本当の彼の姿に近いんだろう、と。

その「認知的不協和」は、その後何週間も私の頭を離れませんでした。
この出来事があったのは、２０１２年の夏、私が48歳の誕生日を迎えた直後のことです。私は男性のような世界的有名人ではなかったものの、職業人としては極めて順調な人生を送っていました。ワシントンD.C.にある一流シンクタンクの会長で、業績は上々。数冊ある著書はベストセラー。講演をすれば人が集まるし、『ニューヨーク・タイムズ』紙に寄稿もしていました。

40歳の誕生日（つまりさらにさかのぼること8年前）に書いた一覧を見返しました。達成すれば満足感が得られる（と確信していた）目標を書き出したものです。どれもすでに達成しているか、目標以上の結果を出していました。にもかかわらず、私は特別満たされているわけでも幸福なわけでもありませんでした。念願を達成したどころか、それ以上の結果を出しているのに、思い描いていたような喜びはなかったのです。

仮に思ったような満足感が本当に得られたとしても、「達成し満足する」というサイクルをいつまでも回し続けられるだろうか、と思いを巡らせました。今のやり方で、基本的に1日12時間×週7日の週80時間以上の労働を続ければ、いつかそのサイクルは減速し、終わるだろう。この流れはもう始まっている、と思う日も少なくない。終わった後はどうなる？　私もあの男性のように人生を振り返り、苦労をかけた妻エスターに「死んだほうがましだ」と言うことになるのか？　ハムスターの回し車のような成功のサイクルを脱し、避けられないキャリアの落ち込みを優雅に受け入れる方法はないのか？　落ち込みをむしろ機会に変えられないだろうか？

すべて個人的な疑問ではあったものの、私はその疑問に社会科学者として取り組むことにし、研究案件を立ち上げました。何とも妙な気分でした。外科医が自分で自分の盲腸を手術するようなものです。それでも私は研究に着手し、将来を恐怖の対象から前進の機会に変える方法を、この9年間個人的に模索してきました。

専門分野の社会科学から、周辺分野の脳科学、哲学、神学、歴史まで、多種多様な文献を詳しく調査しました。史上まれに見る成功者たちの伝記も丹念に読み込みました。不断の努力により一流の地位を築いた人々、つまり「ストライバー（striver）」の研究に没頭し、国家元首から金物店の店主まで、何百人ものトップを取材しました。

その結果見えてきたのは、仕事で成功した人が一般的に、というよりもほぼ例外なく抱えている、密かな苦悩の種です。私はそれを「ストライバーの呪《のろ》い」と呼ぶようになりました。実は、必死の働きによりある分野で卓越した人たちは最終的に、不可避なキャリアの落ち込みに怯え、成功すればするほど満足できなくなっていき、人間関係の希薄さに悩むことになるのです。

しかし朗報もあります。私が探していたもの、つまり「ストライバーの呪い」を免れる方法も見つかりました。そこで私はその方法に従って戦略的に残りの人生を計画しました。

おかげで、私の第二の成人期は、残念な結果にならないばかりか、第一の成人期よりも幸せで意義深い人生になる可能性が出てきました。

しかし、私一人の人生計画を立てて満足している場合ではないと、すぐに気づきました。私の気づきをみんなに伝えなくてはいけません。私が見つけた幸福の秘訣《ひけつ》は、喜びと目的のある人生を求めていて、そのための努力を厭《いと》わない人であれば、誰でも手に入れられます。私たちが人生の前半で征服しようとした世界とは違って、この世界に早い者勝ちの競争は存在しません。全員が成功できるし、全員が今より幸せになれます。だから、ストライバー仲間であるあなたのために、本書を書いたのです。

本書を手に取っているということは、あなたはおそらく成功していて、そのために懸命に働き、たくさんのものを犠牲にし、妥協せずに力を磨いてきたのでしょう（正直に言えば、少なくない幸運にも恵まれてきたはずです）。あなたは大いに賞讃され尊敬されてよいはずだし、実際に賞讃され尊敬されているのではないでしょうか。でも頭では、こんな宴はずっと続けられないと分かっている。何なら、すでに終わりの兆候が見えているかもしれません。ただ、不幸なことに、あなたはこれまで宴の終わりについてたいして考えてきませんでした。だから打てる手が一つしかありません。宴が終わらないようにがんばる。変化を拒否して今まで以上に働こうとする。

しかしその道を行けば間違いなく不幸になります。私の専門とする経済学には、197

0年代に活躍した経済学者ハーバート・スタインの名を取った「スタインの法則」なるものが存在します。曰《いわ》く、「永遠に続かないものは、いずれ終わる」[*1]。単純明快でしょう？まあ、考えてみれば人の命だってそうで、人々は常にその事実に目をつぶって生きているわけですが。しかしあなたの場合は、「仕事の成功だっていずれ終わる」という事実から目をそらし、自分で自分の首を絞めているのです。このままだと、無駄な抵抗をするうちに、落ちこぼれていくばかりです。

とはいえ、別の道もあります。自分の能力の変化を否定するのではなく、能力の変化から強みを引き出せばいいのです。キャリアの落ち込みを避けるのではなく、乗り越えるのです。そのためには、世間が約束してくれるもの、神経症と依存症を招くものを手放し、新しいタイプの成功に目を向ける。これまで手にしていたものより深い種類の幸福を手に入れる。そしてその過程で――もしかしたら初めてかもしれませんが――人生の本当の意味を見つけるのです。その「過程」を説明するのが本書です。その過程によって、私の人生は変わりました。あなたの人生だって変わります。

一言だけ注意を。この道を行くということは、ストライバーに見られる多くの本能に抗うということです。たとえば、あなたには次のようなことをお願いすることになります。

自分の弱さを否定せず、ありのままに受け止める。

もともとはハードワークの励みになっていたけれど、今では幸福の足かせとなっている要素を手放す。

特別な存在になることをあきらめてでも、幸福になれるライフスタイルを取り入れる。

落ち込みと、さらには死と、正々堂々と向き合う。

世俗的な成功を追うあまり、長年顧みてこなかった人間関係を取り戻す。

ハードワークによって回避しようとしてきた先の見えない変化に、思い切って飛び込む。

どれも簡単ではありません。年来のストライバーに新しい成功の秘訣を教えるのは、正直言って骨が折れます。あなたにしてみたって、仕事にいっさい妥協せず、何事も自力で乗り越えてきた人間からすればありえないような考え方を受け入れなければいけないのですから、相当な努力がいります。でも、必ずその努力に見合う見返りが得られます。私は——そしてあなただって——年々幸福になれます。

私たちはこの先も、力を増し、強さを増して進んでいけるのです。

人生後半の戦略書　目次

第4章 欲や執着を削る

第5章

死の現実を見つめる
必ずある終わりを受け入れる

第6章

ポプラの森を育てる
損得勘定なしの人間関係をはぐくむ

第7章　林住期（ヴァーナプラスタ）に入る

＊本書では、聖書の訳は日本聖書協会『聖書　新共同訳』より引用している。

第１章

Your Professional Decline Is Coming (Much) Sooner Than You Think

キャリアの下降と向き合う

「その時」は思っているより（ずっと）早く訪れる

史上屈指の科学者を5人挙げるとしたら誰？　オタク系のネット掲示板で盛り上がりそうな質問ですが、あなたはおそらくその界隈《かいわい》の人間ではないでしょうし、私もあなたをそこに引きずり込むつもりはありません。でも、あなたが科学に詳しかろうと疎かろうと、その答えにはチャールズ・ダーウィンが入っているはずです。

ダーウィンは、生物学に対する私たちの理解を完全かつ永久に変えた人物として、歴史に名を刻んでいます。ダーウィンが与えた影響は途方もなく大きく、1882年の死後もなお、その名声は揺らぐことがありません。

それでも、ダーウィンは自分のキャリアに失望しながら死んでいきました。

順を追って話しましょう。ダーウィンは両親から聖職者になることを望まれていましたが、聖職に対する熱意も適性もほとんど欠いていました。そのため、学校の勉強には熱心ではありませんでした。本当に勉強したかったのは科学で、科学に親しんでいるときは幸福感と生きている実感が得られました。だから、22歳だった1831年、世界中を周航する測量船ビーグル号の航海に誘われたのは、ダーウィンにとってまさに絶好の機会でした。この時のことを、ダーウィンは「人生で間違いなく最重要だった出来事」と振り返っています。その後5年に及ぶ航海では、外来種の動植物の標本を収集してイングランドへ送り、科学者や一般大衆を魅了しました。

そのインパクトは大きく、ダーウィンは知る人ぞ知る存在となりました。27歳で帰国してからは、自然淘汰《とうた》説という自説の研究に没頭し、「生物の種は代々変化し適応することで、何億年もの時を経て現在の動植物に見られるような多様性を実現した」と唱えました。その後30年は、自説を発展させ書籍や論文で発表しながら、着々と名声を築いていきました。そして1859年、50歳のとき、金字塔となる代表作『種の起源』を出版します。進化論を説いたこの本はベストセラーとなり、ダーウィンを一躍有名にするとともに、科学界を一変させました。

しかしこの頃から、研究の創造性に陰りが見えはじめます。研究は壁にぶつかり、突破口は開けませんでした。同じ頃、チェコの修道士グレゴール・メンデル（修道名）がダーウィンの研究活動の継続に必要なものを発見しました。それが、「遺伝の法則」です。あいにく、メンデルの研究成果はドイツの無名の学術誌で発表されたため、ダーウィンがそれを目にすることはありませんでした――仮に目にしても、ダーウィンの数学力や言語力では、内容を理解できたはずもありません（前述のとおり、学校で真面目に勉強してこなかったのですから）。後年に膨大な著作を残してはいますが、『種の起源』以降、ダーウィンの研究活動にはほとんど目新しい進展がありませんでした。

晩年を迎えても、ダーウィンは高い知名度を保っていました。死後は国民的英雄としてウェストミンスター寺院に埋葬されたほどです。しかし、本人は自分の研究成果を、満足のいかないもの、不十分で独創性に欠けるものと考え、歳を経るごとに気落ちしていきました。友人には、「この歳になると、数年がかりの研究に取りかかるだけの気力も体力もない」と明かしています。「悠々自適な暮らしに必要なものはそろっているのに、私にとって人生はすっかり退屈なものになってしまった[*1]」と。

ダーウィンは世間から見れば成功していましたが、本人から見れば終わっていました。本来なら「悠々自適」な暮らしを送れるはずと自覚しながら、もはや名声にも富にも魅力を感じない、と気持ちを吐露していました。かつての研究活動のように、前進し新たな成功を収めることでしか、喜びを感じられなかったのです——そしてそのような働き方は、もはや不可能でした。だから、キャリアの落ち込みによって不幸になりました。方々から聞こえてくる話によれば、その憂鬱《ゆううつ》が和らぐことのないまま、ダーウィンは73歳で死去しました。

ダーウィンの後年の落ち込みと不幸は、ダーウィンの功績と同じくらい異例だったと言いたいところですが、残念ながら、そうではありません。むしろ、ダーウィンの落ち込みはまったくもって正常で、予定どおりでした。そして、ダーウィンのように、がむしゃらに働くことで卓越した成果を上げてきた人は、ほぼ確実に、同じようなパターンの落ち込みと失望に直面します。しかも、その時は、思っているよりずっと早く訪れます。

驚くほど早く訪れる落ち込み

「全力で生き、若くして死に、美しい亡骸《なきがら》を残す」という、俳優ジェームズ・ディーンの信条に従って生きるのでない限り、キャリアと体力と気力の落ち込みは避けられないことを、あなたも分かっているはずです。ただ、それはまだまだ先の話だと思っているのではないでしょうか。

そう思っているのはあなた一人ではありません。大半の人が、老化も、老化が仕事ぶりに影響するのも、遠い未来のことだと妄信しています。それなら、いろいろとおかしな調査結果が出るのも不思議はありません。たとえば、２００９年に行われた調査で、「老人になる」とはどういう意味かを尋ねたところ、アメリカ人の回答で最多だったのは「85歳になること」[*2]でした。つまり、平均的なアメリカ人（79歳が寿命）は、老人になる6年前に死んでいることになります。

現実をお伝えしましょう。高いスキルを要する職業であればほぼ例外なく、30代後半から50代前半にキャリアが落ち込みはじめます。耳が痛い話ですみません。でも、もっと悪い話があります。ピークが高ければ高いほど、キャリアは落ち込みはじめたら一気に落ち込むようなのです。

もちろん、私の言葉を鵜呑《うの》みにするわけにはいかないでしょうから、根拠を見てみましょう。

まず、落ち込みが最も分かりやすく、早期に現れる例から。スポーツ選手のことです。瞬発力や全力疾走が必要なスポーツの選手は、20歳から27歳にパフォーマンスのピークを迎えます。一方、持久力を競うスポーツ選手のピークは、もう少し遅くなります。[*3]とはいえ、若い時期であることに変わりはありません。当然と言えば当然です。第一線で活躍するスポーツ選手に、60歳まで現役を期待する人はいません。本書の取材（「体力は何歳頃から落ちはじめると思うか」を尋ねた調査が存在しなかったので、個人的に話を聞いたのです）に応じてくれたスポーツ選手の大半は、30歳には別路線の職を見つけなくてはいけないだろうと考えていました。その現実を、歓迎しているわけではないものの、おおむね受け止めていました。

これが、いわゆる「ナレッジワーカー（knowledge worker）」（読者の大半はナレッジワーカーではないでしょうか）となると、だいぶ話が違ってきます。運動能力やずば抜けた体力ではなく、発想力や知力を求められる職に就いている人で、70歳より前に落ち込みが訪れるだろうと語る人は皆無に等しいです。なかには、落ち込むのは80歳以降ではないかと言う人もいます。しかし、スポーツ選手と違い、ナレッジワーカーは現実を受け止めていません。

科学者の例を見てみましょう。ノースウェスタン大学ケロッグ経営大学院で戦略論と起業家精神論を研究している教授、ベンジャミン・ジョーンズは、科学者が受賞レベルの発見や重大な発明をする見込みが最も高い時期について、長年研究しています。その一環として、1世紀以上歴史をさかのぼり、主な発明家やノーベル賞受賞者の経歴を調べたところ、大発見をする時期は30代後半が最も一般的だと判明しました。主要な発見をする可能性は、20代、30代にかけて徐々に上昇し、40代、50代、60代にかけて急激に低下するといいます。もちろん外れ値もあります。しかし70代で主要な発明をする確率は、20歳で主要な発見をする確率とおおよそ同じ――つまり、ほぼゼロです。*4

きっとそれを実感していたからこそ、ノーベル物理学賞を受賞したポール・ディラックは、「年齢はすべての物理学者にとって呪いである」と詠う、愁いを帯びた詩をしたためたのでしょう。その詩は次の2行で締めくくられています。

…………

生きながらえるより死ぬほうがいい
30歳をひとたび過ぎた者は

…………

ディラックは20代半ばの研究成果を認められ、31歳でノーベル賞を受賞しました。30歳を迎えるまでに、量子場に関する汎論《はんろん》を構築していたのです。量子場は、ケンブリッジ大学で博士号を取得したときの研究分野で、当時は24歳でした。28歳には、『量子力学』と題する、今日も利用されている教本を書きました。30歳には、ルーカス教授職に就任。さて、問題のその後は？　学者として活動を続け、画期的な発見もいくつかしました。しかし初期の活躍にはまったく及びません。それで、先ほどの詩が生まれたわけです。

もちろん、ノーベル賞受賞者は並の科学者とは違うとも考えられます。そこで、ジョーンズらは、物理学、化学、医学の分野で、頻繁に論文を引用されている研究者、さらに、特許や多様な賞を取っている研究者に関するデータを精査しました。すると、以前に比べ、パフォーマンスのピーク年齢が高齢化していること、その大きな要因は、最先端の仕事をするのに必要な知識がここ数十年で大幅に増えたためであることが分かりました。それでも1985年以降のピーク年齢は「高齢」とは言えず、物理学者なら50歳、科学者なら46歳、医学者なら45歳です。その年齢を過ぎたとたん、革新的な発見や発明が一気に減るといいます。

他の知識分野を専門とする人たちも、基本的に同じパターンをたどります。作家は40歳から55歳でパフォーマンスが落ち込みはじめます。[*5] 金融関係者は36歳から40歳でピークを迎えます。[*6] 医者はどうでしょう。どうやら30代にピークに達し、その後は年々急激にスキルが衰えるようです。[*7] 診察してくれる医師が、私たち世代にドクター・ウェルビー（訳

注：同名ドラマの主人公。当時60代のロバート・ヤングが演じた）を連想させる年頃の医師だと、なんとなく安心感があるものですよね。しかし、カナダで最近行われた研究で、同国の麻酔科医の80％を対象に、彼らに対する医療訴訟を10年分調査したところ、65歳を超える医師は、若い（51歳以下の）医師に比べ、「医療ミスの責任あり」と認められるリスクが1・5倍であると分かりました。

起業家は、ピーク年齢に関する興味深い例と言えます。テック企業の創業者は20代で莫《ばく》大《だい》な名声と富を手に入れることが珍しくありませんが、30歳までに創造力が衰えることが多いのです。『ハーバード・ビジネス・レビュー』誌の報じるところでは、ベンチャーキャピタルから10億ドル以上の出資を受けた企業の創業者の年齢は、20歳から34歳に集中する傾向があり、35歳以上は少数です。他の学者はこの結果に異議を唱え、急成長しているスタートアップの創業者の平均年齢は、実際は45歳だと主張しています。[*8] それでも肝心の結論は変わりません。中年期に入ると、起業家としての能力はガタ落ちになるのです。最も楽観的な推定を見ても、60歳を超える創業者は約5％しかいません。

このパターンはナレッジワークに限った話ではありません。警備から看護まで、熟練労働（skilled job）では、思った以上に早く、年齢から来る顕著なパフォーマンスの低下が見られます。整備士と事務員のピーク年齢は35歳から44歳であるのに対し、準熟練労働者（semi-skilled worker）である組立作業員と郵便仕分け員のピーク年齢は45歳から55歳です。[*9] 航空管制官は年齢を経るとパフォーマンスが急降下するうえ、それにより一歩間違えれば致命的な結果を招くため、56歳が定年となっています。[*10]

パフォーマンスの落ち込みはある程度予測可能です。ある学者は、特定の職業における落ち込みを不気味なほど正確に予測するモデルを開発しました。カリフォルニア大学デイビス校の教授ディーン・キース・サイモントンが、「クリエイティブな職」（訳注：独自のアイデアや創造性を求められるさまざまな職業を指し、作曲家、画家、詩人といった芸術家のほか、学者や研究者なども含まれる）に就く人々のキャリアの落ち込みのパターンを研究し、平均的なキャリアの形状を予測するモデルを構築したのです。何ギガバイトものデータに曲線を

図1 「クリエイティブな職」における、キャリア経験年数と平均的な生産性の関係 [*11]

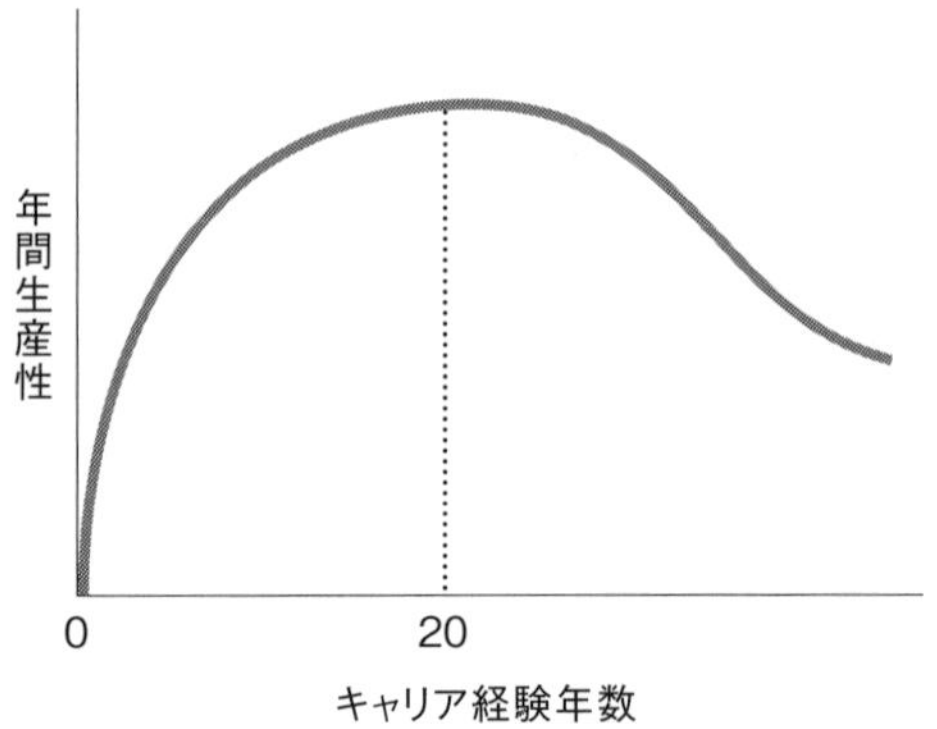

当てはめて作られたそのグラフは、図1のようなものです。

平均すると、「クリエイティブな職」のキャリアは、およそ経験20年目にピークを迎えるため、おおかた35歳から50歳の間に落ち込みはじめます。ただこれはさまざまな分野の平均値であって、実際にはかなりの幅があることにサイモントンは気づきました。注目したのは、職業別の「半減期」です。半減期とは、その人が生涯で生み出す仕事の半分が生産される時期を指しますから、平均すれば図1のグラフの頂点とおおよそ一致します。このグラフを忠実になぞるかのように20年目に半減期を迎えるグループが小説家で、小説家は概してキャリア開始から20・4年目までに半分の仕事を、20・4年目以降にもう半分の仕事をします。数学者もこのグラフとほぼ同じで、半減期は21・7年です。このグラフの頂点より若干早く半減期を迎えるのが詩人で、半減期は15・4年。若干遅いのが地質学者で、28・9年となっています。

この研究結果が何を意味するのか、少し考えてみましょう。あなたが理数系の職業、たとえばデータアナリストだと仮定します。学業を終えキャリアを開始したのが22歳であれば、おおむね44歳でキャリアのピークを迎え、その後はスキルが衰えていくことになります。ではあなたが人文系の学位を取得したばかりの25歳の詩人だったらどうでしょう。サイモントンのデータを見れば、あなたは生涯の仕事の半分をおよそ40歳までに出し切り、その後は生産性が低下すると分かります。一方、あなたが地質学者なら、ピークは54歳近くになる傾向があります。

私にとって、早期の落ち込みは他人事《ひとごと》ではない

研究開始時に私が特に注目していた点は、この落ち込みのパターンが、演奏家、特にクラシック音楽の演奏家に当てはまるかどうかでした。クラシック音楽の演奏家に目を向けると、高齢になってもとどまるところを知らず、演奏活動を続けている有名な事例が散見されるからです。たとえば、コントラバス奏者のジェーン・リトルは1945年に弱冠16歳でアトランタ交響楽団に入団し、71年後に87歳で引退しています（ただ、完全に引退したわけではありませんでした。実は、リトルはコンサートで「ショウほど素敵な商売はない」を演奏中に亡くなっています）[*12]。

しかし、リトルは極端な例で、ほとんどの演奏家はリトルよりもかなり早く引退します。それでも、遅すぎるくらいだと言えます。調査に対し、クラシック音楽の演奏家たちは、30代にパフォーマンスのピークを迎えると回答しています。しかし若手演奏家が度々不満を漏らすように、実際は、終身団員のベテラン奏者が（大学と同様に、オーケストラにも

終身在職権が存在します）、キレを失った後もオーケストラにとどまり、主要な座を占領しています。なぜかと言えば、そういうベテラン奏者たちはたいてい、自らの落ち込みを認められないのです。「潮時だと認めるのはとても難しいことです」と、ピッツバーグ交響楽団に所属する58歳のホルン奏者は語りました。

「私たちは否定の達人です。今こうして成功しているのは、この職業で成功する絶望的な確率を認めず否定しているからです。発達の初期であれば、否定は強みになるんです」[*13]

このホルン奏者は私ではありませんでしたが、パラレルワールドであれば私もそうなっていたかもしれません。

実は、子どもの頃、一途《いちず》に追っていた目標があります。それが、世界一のホルン奏者になることでした。毎日何時間も、ひたすら練習を繰り返し、合奏団を見つけては参加していました。寝室の壁には有名なホルン奏者の写真を貼り、気持ちを奮い立たせていました。あらゆる最高峰の音楽祭に足を運び、シアトルに住む下位中流階級の子どもが指導を受けられる範囲で、最高の先生方に指導してもらいました。常に演奏の腕はトップで、首席奏者でした。

幼い頃からの夢が叶《かな》うかもしれないと思っていた時期もあります。19歳のとき、大学を辞め、室内楽団に入り、プロの演奏家として各地を巡業するようになりました。年間100回のコンサートを開き、特大のワゴン車で全国各地を回りました。医療保険には入っていなかったし、賃料の支払いにはいつも悩まされましたが、21歳までに全米50州と海外15カ国を巡り、アルバムを複数出しました（たまにラジオからそのアルバムの曲が流れてくることもありました）。できれば20代のうちにクラシック音楽奏者になり、数年後には一流の交響楽団に入り、いずれはクラシック音楽奏者にとっては最高職に当たる、ソリストになることを夢見ていました。

しかし、20代前半に、奇妙なことが起きました。不振に陥ったのです。理由はいまだに分かりません。演奏技術が落ちはじめ、原因の見当がつきませんでした。何をしてもだめでした。有名な指導者を訪ねていっそう練習に励みましたが、かつてのレベルには戻れませんでした。簡単だった曲が難しくなり、難しかった曲は演奏不能になりました。

空回りだらけだった若かりし頃のキャリアの中で最悪だった瞬間は、ニューヨーク市のカーネギーホールでの一幕でしょう。これから演奏する曲について簡単な紹介をしていたとき、前に出て足を踏み外し、客席へ落下したのです。コンサートの帰り道、これは神様からの警告に違いない、とつくづく落ち込んだものです。

それが誰からの警告だったかは別として、私はその警告に耳を貸しませんでした。「名ホルン奏者」になる以外の自分なんて考えられませんでした。あきらめるくらいなら、死んだほうがましです。

それからさらに9年、ほそぼそと音楽活動を続けました。25歳のとき、バルセロナ市管弦楽団に入団しました。練習を増やしましたが、腕は落ちる一方でした。数年後、フロリダにある小さな音楽学校の教職に就きました。ある日突然事態が好転することを願っていましたが、その願いは実現しませんでした。

音楽一本に絞るのは危険かもしれないと悟った私は、妻以外の人には内緒で（みっともなくて言えなかったのです）大学に入り直し、通信で学びました。そして教授に会うことも教室に足を踏み入れることもないまま、30歳の誕生日の1カ月前に経済学の学士号を取得しました。私にとって、卒業した日とは、サンダルを履いて郵便受けまで卒業証書を取りに行った日です。封筒にはでかでかと大文字で「折り曲げ厳禁」と書かれていました。封筒は見事に折れ曲がっていましたけどね。

私はひそかに夜の勉強を続け、1年後に経済学の修士号を取得しました。その間もホルンの練習は欠かさず、音楽家として生計を立て続けました。「いつかスキルが戻るのでは」という一縷《いちる》の望みを捨てられずにいたのです。

しかし、スキルは戻りませんでした。そんなわけで31歳のとき、私は敗北を認めました。このまま音楽活動を続けても、低迷の続く音楽家としてのキャリアを立て直すことはできない、と。でも他にどうやって生きていけばいいでしょう？　私はしぶしぶ家系の先例に倣いました。父は大学の教員で、祖父も大学の教員でした。私は音楽家として生きていく志を捨て、博士課程に入ったのです。

なにしろ、人生は続くわけですから。まあそんな感じで、勉強を終えた後は、大学教授として社会科学の研究と教育に携わり、その仕事を大いに楽しんできました。それでも、愛してやまない最初の、そして本当の天職のことを考えない日はありません。今でも、ステージに立っている夢を定期的に見ます。オーケストラの響き。演奏を聴く聴衆の姿。私は音の流れに酔いしれ、ゾーンに達し、かつてないほど最高の演奏をしている……うちに目が覚め、幼少期の憧れが幻に終わったことを思い出します。

実は、私は運がいいのです。今なら分かります。私の落ち込みは決まっていたことで、ただ通常より10年か20年早く「その時」が訪れただけだと。おかげで、まだやり直しのきく時期に現実を受け入れ、系統の異なる頭脳労働に方向転換することができました。それでも、若くして経験した落ち込みを考えると胸がチクリと痛み、文字にするのがつらいほどです。こんな事態は二度と起きやしないさ、と自分に言い聞かせました。

しかしもちろん、データは嘘をつきません。落ち込みは、また発生するのです。

キャリアが落ち込む理由と、その影響

ほとんどの人にとって、落ち込みは嫌な不意打ちというだけでなく、大きな謎でもあり

ます。私たちは早い時期に「継続は力なり」だと学びます。1万時間といった膨大な練習をこなせば特定の分野を究められる、と伝える研究結果が山ほどあります。言い換えれば、人生には「やればやるほど上達する」という方程式があるのです。

しかし、そううまくはいかないのも事実。図1を見れば分かるように、上達のグラフは右肩上がりではありません。では、下降はなぜ起きるのでしょうか？

初期の研究では、「年齢とともに知能が低下するため」という説が唱えられました。研究者たちが全世代の純粋な認知能力（ＩＱ）を比較したところ、一貫して、若い人のほうが年配の人より断然ＩＱが高かったのです。この結果から、「ＩＱは加齢に伴い低下する、ゆえに能力も低下する」という見解が生じました。しかし、この分析には根本的な欠陥がありました。どちらかといえば高い教育を受けてきた人たち（おおむね若年層）と教育の機会にあまり恵まれなかった人たちを比較していたのです。現在では、個人の経過を長期的に追った結果、年齢による知能の低下は過去の研究が示すほど顕著ではないと判明しています。[*14]

より有力な説として、脳の組織が変化すること、特に前頭前皮質（額の裏側に位置する部位）のパフォーマンスが変化することが挙げられます。前頭前皮質は、幼児期には最後に発達し、成人期には最初に衰えはじめる部位です。ワーキングメモリーや実行機能、抑制機構（目の前の任務と無関係な情報を遮断することで、集中力や核となるスキルを高める能力）を担う、中枢機関でもあります。前頭前皮質が大きく、よく発達している人は、訴訟にしろ手術にしろバスの運転にしろ、自分の専門分野で上達していけます。

中年期に入ると、前頭前皮質の働きが落ちます。それにより、次のような影響が考えられます。第1に、前述の落ち込みの根拠を見れば予測できるとおり、素早い分析や創造的な発明がしにくくなります。[*15] 第2に、マルチタスク処理など、以前は簡単にできたいくつかのことがひどく困難になります。年配の人は若者よりかなり気が散りやすいのです。10代の子どもがいる（いた）人は、「音楽を聴いたりメールを打ったりしながら勉強するのは、効率が悪いからやめなさい」と子どもに言ったことがあるかもしれません。しかし実は、「ながら勉強」ができないのは、子どもではなく、あなたなのです。だからむしろ、自分の助言を自分で実践し、スマートフォンと音楽を切り、完全に無音の場所に行って考え働けば、認知力が高まります。[*16]

もう一つ困難になるのが、名前と事実を思い出すことです。50歳になる頃には、あなたの脳はニューヨーク公共図書館並みに情報であふれかえっています。あなた専属のレファレンス係は、あちこちガタがきていて、仕事が遅く、すぐに気が散ります。あなたから必要な情報（たとえば、人の名前）を探すように言われると、えらくゆっくりと腰を上げ、寄り道してコーヒーを飲み、雑誌コーナーで見つけた旧友とおしゃべりをするうちに、そもそもの目的地を忘れてしまいます。[*17] あなたはというと、昔から知っていることを思い出せずにイライラします。ようやくレファレンス係が戻ってきて「あの人の名前はマイクです」と告げる頃には、マイクはとっくにいなくなっていて、あなたは別のことをしているのです。

このように、何かともどかしさはありますが、なかには落ち込みに極めてうまく対処する人もいます。ノーベル物理学賞の受賞者ポール・ディラックもその一人です。物理学者は30歳を過ぎたら終わりだ、という哀愁漂う短い詩をつづった、あの物理学者です。ディラックが最も重要な研究をし、最高の生産性を発揮したのは、まぎれもなく20代から30代前半にかけてでした。30代後半以降も学者として活躍し立派な仕事をしましたが、かつてほどではありませんでした。

それでも、その状況を最大限に活かしました。まさに熟年の天才がその天才ぶりを発揮したとしか思えませんが、70歳のとき、寒々しいケンブリッジを離れ、フロリダ州立大学の教授を引き受けたのです。そして晩年は日光浴や水泳をして過ごしました。フロリダ州立大学で授業がある日は毎回、大学生たちと昼食をともにし、昼食後は昼寝をしました。論文も発表し続けましたが、劇的な結果は出せませんでした。最後の論文は、最後まで答えの出せなかった研究課題について書いたもので、次のような正直な言葉で締めくくられています。*18

「私は長年答えを探してきた（中略）がまだ見つけていない。私も可能な限り研究は続けるが、他の人がこの系統の疑問を追ってくれることを期待している」

残念ながら、ディラックのように運命を平静に甘受する人は例外的です。たとえば、ライナス・ポーリングを見てみましょう。ポーリングは、史上で唯一、まったく異なる分野で2つのノーベル賞を獲得しました。ディラックなど大多数の例と同様、ポーリングは20代のときに自分史上最大の発見をしました。そして30代のとき、過去10年間の研究結果をまとめた代表作『化学結合論』を書き、1954年、数十年前に行った化学結合の研究により、ノーベル化学賞を受賞しました。

数々の大発見をした後は、科学研究も続けたものの、政治的変革を訴える活動に、より時間を割くようになりました。この活動は、一部の人々からは注目を保つための売名行為とみなされています。第二次世界大戦後は反核運動に傾倒しました。ノーベル化学賞受賞者かつ原子爆弾を開発した科学者たちの同世代人として、アメリカ合衆国およびヨーロッパで反戦運動を繰り広げ、一躍時の人となりました。

こうして1962年、冷戦の真っ只中に、核実験廃止運動の功績が認められ、ノーベル平和賞を受賞しました。その結果、当然ながら、政治運動家として物議をかもすこととなりました。一部の人からは英雄視され、別の一部の人からは悪党とみなされたのです。後者の人たちは、ポーリングが1970年にソビエト連邦から国際レーニン平和賞を授与され、辞退しなかったことを特に問題視しました。

常に今日的な影響力を示すことに貪欲だったポーリングは、その後、疑似科学的な概念を広め、一時的に流行させました。たとえば、「鎌状赤血球症などの特定の遺伝子疾患を持つ人は、結婚相手になるかもしれない人たちにそのことを警告するために、目立つ刺青《いれずみ》を入れるべきだ」という信念のもと、優生学を推進しました。また、それ以上に有名な話として、「ビタミンを摂取すれば、がんをはじめとする多くの病気は治り、寿命も大幅に延びる」という自説に大変なこだわりを見せ、「分子矯正精神医学」と銘打って、精神疾患に対するビタミン大量療法を推進しました。

おそらく、ビタミンCを大量に摂取すれば風邪を予防できるという話を聞いたことがある人もいるでしょう。この説は、ポーリングが1970年に発表した有名な著書に由来していますが、ポーリングが後年に発表したほぼすべてのアイデアと同様、「科学的根拠がない」として度々否定されてきました。ケンブリッジ大学の教授スティーヴン・ケイヴによれば、ポーリングは医療界の主流派から偽医者扱いされることになり、人生最後の数十年は、科学雑誌で論じられた自説への批評を弾劾することに明け暮れたといいます。*19

必要とされなくなる苦しみ

ポーリングが落ち込みを受け入れられなかったのは、能力が落ちるにつれ、世間の要求に適合できなくなったからに違いありません。有名か無名かに関係なく、かつては尊敬してくれた相手の期待に応えられない、もっと言えば、役立たずだと感じることほど、むなしいことはありません。本書のための調査でも、その嘆きを繰り返し耳にしました。たとえば、ニューヨークで希少書の卸売業を営むある男性に話を聞きました。男性は自分の職業を愛し、自分のキャリアを楽しんでいました。でも今は……と私が語るより、本人に語ってもらいましょう。

私は希少書の卸売り一筋でやってきました。24歳のときからずっとです。ありがたいことに、たくさんの有名人の書を扱ってきました。ボブ・ディラン、ジョン・アップダイク、J・M・クッツェー、ウッドワード、バーンスタイン、まだまだありますよ――ウォー、パウンド、チャーチル、ルーズベルト。20年前はパーティーに参加すると、みんなが寄ってきたものです。「お宝を求めて旅したり、取引を成立させたりしたときの逸話が聞けるはずだ」ってね。でもここ数十年、私はテーブルの向かい側にいる人たちの目を通して自分を見つめるようになりました。あの人たちの目に私はどう映っているんだろう、と。たぶん、「大昔の話じゃなく昨日の話をしてくれよ」と思われているんでしょうね。

……………………………………

一流大学で事務の要職に就いている50歳の女性からは、こんな話を聞きました。

高度なソフトが開発されて、人の目でダブルチェックをしなくていいくらいに人的エラーを減らせるようになったら、私はお払い箱です。あと5年か10年、持つかどうか……勤務中は、当面、落ち込みを隠さないといけません。一生隠し続けるのは無理だと分かってはいますが。収入を失わずに方向転換できるだけの時間が欲しいんです。でもいつか解雇されたら、その時はその時。人生、なるようにしかなりません。

……………………………………

50歳の高名な女性ジャーナリストの話も聞いてみましょう。

1日10時間の激務にまた飛び込もうという気になれない日が多いです。睡眠不足や頻繁な出張は、体に負担になります。昔はすぐに体力が回復しました。でも今は違い

……………

ます。同僚たちは、だいたい40代にパフォーマンスががっくり落ちました。第三者である私から見ると、どうも飽きがきたようでした。みんな、重い足を引きずって、市議会、高速道路上の事故、殺人事件、税金関係の話題などの取材に向かっていました――何年も、何百回も扱ってきた内容ばかりです。うんざりしていました。

……………………

2007年、カリフォルニア大学ロサンゼルス校とプリンストン大学の学術研究班が、1千人以上の高齢者のデータを分析しました。その結果は『Journal of Gerontology（ジャーナル・オブ・ジェロントロジィ）』誌で発表され、自分は「役に立っているとはまったく思わない」、もしくは「ほとんど思わない」高齢者は、「役に立っているとよく思う」高齢者に比べ、軽度の障害を発症するリスクが3倍に近く、その研究期間中に亡くなるリスクも3倍以上でした。

あなたは、「世の中に自分の価値を示せた時期が一度でもあれば十分だ」と答えるかもしれません。莫大なお金と権力と威信を積み上げようとしている人たちは共通して、人生とはそういうものだと思い込んでいます。一度成功すれば人生「上がり」だ、人生は宝探しだ、と。つまりこういうことです――一山当てれば、たとえ栄光の日々が過ぎようと、残りの人生はそのお宝で楽しく幸せに生きていける。お金持ちになって、早く引退しよう。有名になって、ブームが去ったら過去の成功に浸って生きていこう。この考えを大学教授という私の職業に当てはめるなら、終身在職権を手に入れれば安泰だ、昔のように成功できなくなったら過去の功績を思い出して楽しめばいいじゃないか、ということです。

この基準で考えれば、「はじめに」で出てきた機内の男性は、世界一幸せな人間だったはずです。男性は富も名声も手にしていて、昔の功績により尊敬されていました。いわば勝ち組です。その意味ではダーウィンとポーリングも同じです。しかし3人はまったく幸せではありませんでした。なにしろ、幸福の基準が甚だしくずれています。そもそも、出世競争に勝てば幸福になれるという前提自体が、完全に間違っているのです。むしろ、機内の男性が「人並の」人生を送っていたなら、つまり人並外れた功績を上げていなければ、あれほどの無力感に苛《さいな》まれることはなかったかもしれません。

この考え方はさしずめ、「職業的威信と苦悩の相関法則」と呼べるかもしれません。要するに、落ち込みによる苦悩の程度は、過去に培った威信の大きさと、威信への執着度に直接関係しているのではないでしょうか。高い期待を抱かず、たいした業績を上げない人（または、高い業績を上げても仏並みに無心で、職業的威信に執着せずにいられる人）は、おそらく、キャリアが落ち込んでもあまり苦しみません。でも、卓越した業績を達成し、そのために深く打ち込んできた人は、避けられない凋落《ちょうらく》に直面したときに、激しい虚無感に襲われる可能性があります。それが苦悩の正体です。

若くして偉大な才能を発揮し、素晴らしい功績を上げたからといって、必ずしもその後の苦しみを減らせる保証はありません。むしろ、仕事で権力と業績を追い求めてきた人は、そうでない人に比べ、引退後に不幸になる傾向があります。[*20]

それどころか、幼少期にギフテッド（訳注：先天的に平均より著しく高い知的能力を有する人）と認められるだけでも将来苦しむ可能性がある、と指摘するのが、テキサス大学オースティン校の心理学者キャロル・ホールハンとチャールズ・ホールハンです。[*21] 2人は、幼少期に公的にギフテッドと認められた数百人の高齢者を調査し、次のように結論づけています。

「ギフテッドを対象とする調査のメンバーに自分が入っていると知らされたときの年齢が若いほど（中略）、80歳時点の精神的な幸福度が低いという相関が見られた」

ホールハンの調査結果は単に、高い期待に応えるのは困難だということ、そして、「お前は天才だ」と伝える育児は避けるべきだということを示しているだけかもしれません。しかし、高い業績が出せなくなると、その高い業績が裏目に出ることを示す根拠もあります。プロスポーツ選手に目を向けると、スポーツ選手としてのキャリアを離れたとたんにひどく苦しむ人がたくさんいます。依存症や自殺などに至る悲劇的な事例であふれています。そう考えると、スポーツ選手は引退したら――少なくとも一時的には――不幸になるのがむしろ普通なのかもしれません。

私は1996年にオリンピックで体操の金メダルを取ったドミニク・ドーズに、世界最高レベルで戦い抜いた後の生活をどう感じているか尋ねました。すると、普通の生活を楽しんではいるけれど、新しい生活に適応するのは簡単ではないし、まだ適応しきれていない、とのことでした。「オリンピック選手としての自己を追求していけば、結婚生活は破綻するでしょうし、子どもたちにも引け目を感じさせてしまうでしょう」とドーズは率直に語ってくれました。「毎日がオリンピックであるかのように生きれば、周りを不幸にするだけです」。オリンピック後は、とてつもなく高い業績を達成した人たちが落ちる落とし穴を、巧みに避けて生きてきました。良い結婚生活と子どもに恵まれ、カトリックの信仰にも真面目に取り組んでいます。過去を生きてはいません。多くのスター選手は、これほどうまくいっていません。

栄光を蓄えておいて遠い将来の楽しみにすることができない以上、本書で後ほど取り上げる「不満」という問題が出てきます。人間は単純に、昔の栄光を楽しめるようにはできていません。止まらないランニングマシンに乗っているようなものです。成功による満足感はあっという間に過ぎ去ります。立ち止まって満足感を味わうわけにはいきません。足を止めれば、一瞬で転げ落ちます。だから私たちは、次の成功が、つまり前回以上の成功が、私たちの渇望する不滅の満足感をもたらすことを願って、ひたすら走り続けるのです。

そうなると、落ち込みは二重の苦しみをもたらします。不満感を回避するには、常にこれまで以上の成功を収めないといけないのに、現状の成功を維持する能力は低下していくのです。いえ、実は苦しみは三重です。現状の成功を維持しようとすれば、仕事依存などの依存症的な行動パターンに陥り、不健全なほどそれにのめり込み、配偶者や子どもや友人との深いつながりを犠牲にしてしまいます。ランニングマシンから転げ落ちる頃には、抱き起こしてほこりを払ってくれる人は、一人も残っていないのです。

こうして、高い目標を達成した人たちは悪循環に陥ります。落ち込みに怯《おび》え、頻度が下がり続ける勝利に不満を覚え、ますます遠い過去になってゆく成功にしがみつき、孤立します。世間を見回したところで、あなたの利用できる支援があふれているわけではありません。成功者を憐れむ人はいません。快適な生活を送っているストライバーが、「実は悩んでいるんです」と訴えたところで、贅沢《ぜいたく》な悩みだと思われるだけです。

しかし、その悩みは現に存在するのです。

私たちはここからどこに向かうか

ストライバー仲間のあなたに、結論をお伝えしましょう。あなたは懸命に働いてうらやましいほどのスキルを手に入れ、その道で成功したわけですが、そのスキルは、早ければ30代、遅くとも50代前半には大幅に落ち込みます。絶対にです。嫌な話ですね。申し訳ありません。

ではその落ち込みにどう対応しますか？　あなたは今からぐるぐるドアを選択できますが、そのドアは3つしかありません。
1. やがては落ち込むという事実を否定し、落ち込みに抵抗する――待っているのは挫折と失望です。
2. あきらめて落ち込みに屈する――老化は避けられない悲劇だと思いながら生きていくことになります。
3. 現在のあなたを作った仕事を続けても、未来はないことを受け入れる――新しい強みとスキルを身につけなくてはいけません。
3を選んだ方、おめでとうございます。あなたには明るい未来が待っています。でも、それを実現するには、一連の新しいスキルと、一つの新しい考え方が必要です。

第２章

The Second Curve

第2の曲線を知る

流動性知能から結晶性知能へシフトチェンジする

落ち込みは避けられません。身も蓋もありませんね。でも歳を取るのは悪いことばかりではありません（孫と遊べるとか、サラソタの分譲マンションで優雅に暮らせるとかいう意味ではありませんよ。それはそれでいい話ですけどね）。実は、年齢とともに自然と向上する知能やスキルがあるのです。歳を取るほどに向上していくためのコツは、そうした新しい強さを理解し、養い、実際に発揮することです。それができれば――やり方はこれからご説明しますから、心配はいりません――落ち込みが、途方もない新しい成功に変わります。

高齢者を見ていて、一向に会話力が落ちないな、と思ったことはありませんか？　高齢者は若い頃よりも豊富な語彙《ごい》を身につけている傾向があります。この高い語彙力はさまざまな能力につながります。たとえば、高齢者は単語作成を競う「スクラブル」が得意だし、外国語の習得も上々です（アクセントを完璧にするのは苦手でも、語彙の増強、文法の理解に長《た》けています）。高齢者に見られるこうした特徴は、研究により裏づけられています。母国語であれ外国語であれ、死ぬまでずっと、語彙力は落ちずに伸びていくのです。[*1]

また、複雑なアイデアを組み合わせて活用する能力は高齢者のほうが高いことに気づく人もいるかもしれません。[*2] 言い換えれば、高齢者は、若い頃のような画期的な発案や、素早い問題解決はできないかもしれませんが、既知の概念を使ったり、既知の概念を他者に表現したりするのは相当うまくなっています。他人のアイデアを解釈するのも得意で、ときには発案者本人に、その意味を分かりやすく解説してあげることさえできます。

以上のことは、私自身も実感しています。私は若い頃スペインに住んでいて、バルセロナとアメリカとの往復生活を30年以上続けています。バルセロナにはスペイン語とカタルーニャ語という2つの公用語があり、バルセロナに住んでいたときはどちらも堪能でしたが、アメリカに住んでいる間に少々下手になりました。しかし妙なことに、50歳あたりから両言語の能力が向上しはじめ、今ではバルセロナに住んでいた頃を上回るようになりました。社会科学者としても同様の体験をしていて、キャリアの初期よりも今のほうが、データからストーリーを組み立てて説明するのが得意です。過去に書いた論文を今書けと言われたら書けないと思いますが――20年前にやった研究の計算を理解できないときもあるくらいですから――研究から導き出した個々の洞察が互いにどう関係しているのか、その洞察を人生にどう活かしたらよいのかは、説明できます。だからこそ、今こうして、数式を駆使した難解な学術論文ではなく、本書を書いているわけです。昔はアイデアを考案し、今は自他のアイデアを統合しているのです。

人生の後半に現れるこうした能力は、特定の職業と相性が良いです。たとえば、サイモントンのデータの予測どおり、論理数学者は早くにピークと落ち込みを迎えます。しかし、応用数学者（数学を用いて、商売上の問題など実在する課題を解決する学者）は、論理数学者よりかなり遅れてピークに達します。応用数学者は既存のアイデアを組み合わせ活用することを専門としており、そのスキルは高齢者に有利だからです。既存の事実やアイデアを組み合わせる職業の典型例である歴史家はどうでしょうか。なんと、落ち込みの通常の範囲から大きく外れ、キャリア開始から平均39・7年後にピークを迎えます。この事実は何を意味するのでしょう。仮に、あなたがプロの歴史家を志し、32歳で博士号を取得するつもりだとします。この場合、残念ながら、50代になっても、あなたはまだまだ駆け出しです。しかし嬉しいことに、72歳になっても、半分以上やれる仕事が残っているのです！　80歳に代表作を書けるように、いっそう健康に気をつけましょう。

今説明した事柄をばらばらに受け止めると、人生に活かせるような具体的な戦略はほとんど見えてきません。せいぜい、「スクラブルの一流選手になろう」、「歴史学の博士号を取ろう」といった程度ではないでしょうか。しかし、これらの事象は、けっしてばらばらではないのです。１９６０年代に、レイモンド・キャッテルというイギリスの心理学者が、このような事象が生じる理屈の解明に乗り出しました。キャッテルが見つけた答えは、スライバーの呪いを打破し、あなたの人生を変える可能性があります。

2つの知能

1971年、キャッテルは『Abilities: Their Structure, Growth, and Action（能力：その構造と成長と作用）』を出版し、「人には2種類の知能が備わっているものの、各知能がピークを迎える時期は異なる」と提唱しました。

うち1つ目の知能が、「**流動性知能**」です。キャッテルの定義では、推論力、柔軟な思考力、目新しい問題の解決力を指します。一般的に、生得的な頭の良さと考えられている知能で、読解力や数学的能力と関連があることが研究で明らかになっています。[*3] 革新的なアイデアや製品を生み出す人は、概して流動性知能が豊かです。知能テストを専門としていたキャッテルの観察では、流動性知能は成人期初期にピークに達し、30代から40代に急速に低下しはじめました。

このことから、若い人は生まれながらにして、ゼロから新しいアイデアを生み出すのに最も向いている、とキャッテルは考えました。もしキャッテルが今生きていれば（長寿をまっとうし、1998年に92歳で亡くなっています）、ここまでの本書の内容を読んで、すぐにこう言うことでしょう――「ブルックス君、君が話しているキャリアの落ち込み、つまり初期の能力があまりにも早く衰えるという話は、流動性知能の衰退によるもので、ハードワークで成功した人たちはほぼ全員、キャリアの初期は流動性知能に頼っていたのだよ」と。

キャリアの早期に成功を収め、アイデアの考案や困難な問題の解決を伴う仕事をしていた人は（本書のほとんどの読者が該当するに違いありません）、流動性知能のおかげで成功したのです。現代産業で若くしてずば抜けた業績を出す人はほぼ例外なく、流動性知能に頼っています。覚えが早く、重要なことに専念し、解決策を考案します。残念ですが、本書でここまで詳細に検討してきたように、加齢による流動性知能の低下は、ふつう避けられません。繰り返しになりますが、だからこそ、あなたは本書を読んでいるのでしょう。

でも、「流動性知能は低下します」で話は終わりではありません。その続きがキャッテルの研究の肝なのです。知能は流動性知能だけではありません。「**結晶性知能**」も存在します。結晶性知能とは、過去に学んだ知識の蓄えを活用する能力です。再び大図書館になぞらえて考えてみましょう。ただし今回は、レファレンス係の仕事が遅いと嘆くのではなく、レファレンス係がうろつきまわる空間にある蔵書の膨大さに、目を見はってください。多少の時間はかかるにせよ、レファレンス係が目当ての本の所在を知っていることがいかにすごいことか、考えてみてください。レファレンス係の働き方を見れば分かるように、結晶性知能は知識の蓄えに依存するため、40代、50代、60代と年齢を経るほど向上します。

仮に減少するとしても、人生の終盤になってからです。

キャッテル自身は2つの知能を次のように説明しています。「（流動性知能は）抽象的な問題を解決する脱文脈化された能力であるのに対し、結晶性知能は、人が生きるなかで文化的適応と学習によって獲得した知識に相当する」[*4]

言い換えれば、こういうことです――若いときは地頭に恵まれ、歳を取ったら知恵に恵まれる。若いときは事実をたくさん生み出せるし、歳を取ったらその意味と使い方が分かるようになる。

少々話を整理しましょう。キャッテルの説によれば、第1章で出てきた図1の生産性曲線は、実質的に流動性知能の曲線で、30代半ば頃まで上昇し、40代、50代にかけて低下します。その一方で、流動性知能の裏にはもう1つの曲線、つまり結晶性知能の曲線が潜んでいて、こちらは成人中期から後期を通して上昇していきます。この考えを表したものが図2です。

これは、あなたにとっても私にとっても、大きな、実に途方もない発見です。というのも、流動性知能だけを頼りにキャリアを積んでいれば、かなり早期にピークと落ち込みを迎えますが、結晶性知能の必要なキャリアを積んでいるか、もっと結晶性知能を活かせるようにキャリアを再設計できれば、ピークが遅れる代わりに、落ち込みの時期も――来ないとは言わないまでも――かなり先に延ばせるのです。

この点を踏まえて、前述した各職業のキャリア曲線を説明するとどうなるでしょうか？ テック企業の起業家などの場合は、キャリア曲線は流動性知能曲線と実質同じです。だからこそ、あれほど若い時期にキャリアが落ち込むのです。しかし他の分野、2種類の知能を混ぜ合わせる必要のある分野だと、キャリアの頂点が多少後ろにずれます。そして、脳内の膨大な蔵書と、それを活用する能力にほぼ全面的に頼っているキャリアだと、ピークは人生のかなり遅い時期に訪れます。

いずれ流動性知能の落ち込みに見舞われることは、まず確実です。しかし、**革新**中心のキャリアから、**指導**中心のキャリアへとキャリアを年々再設計する能力は失われ

図2 流動性知能曲線と結晶性知能曲線

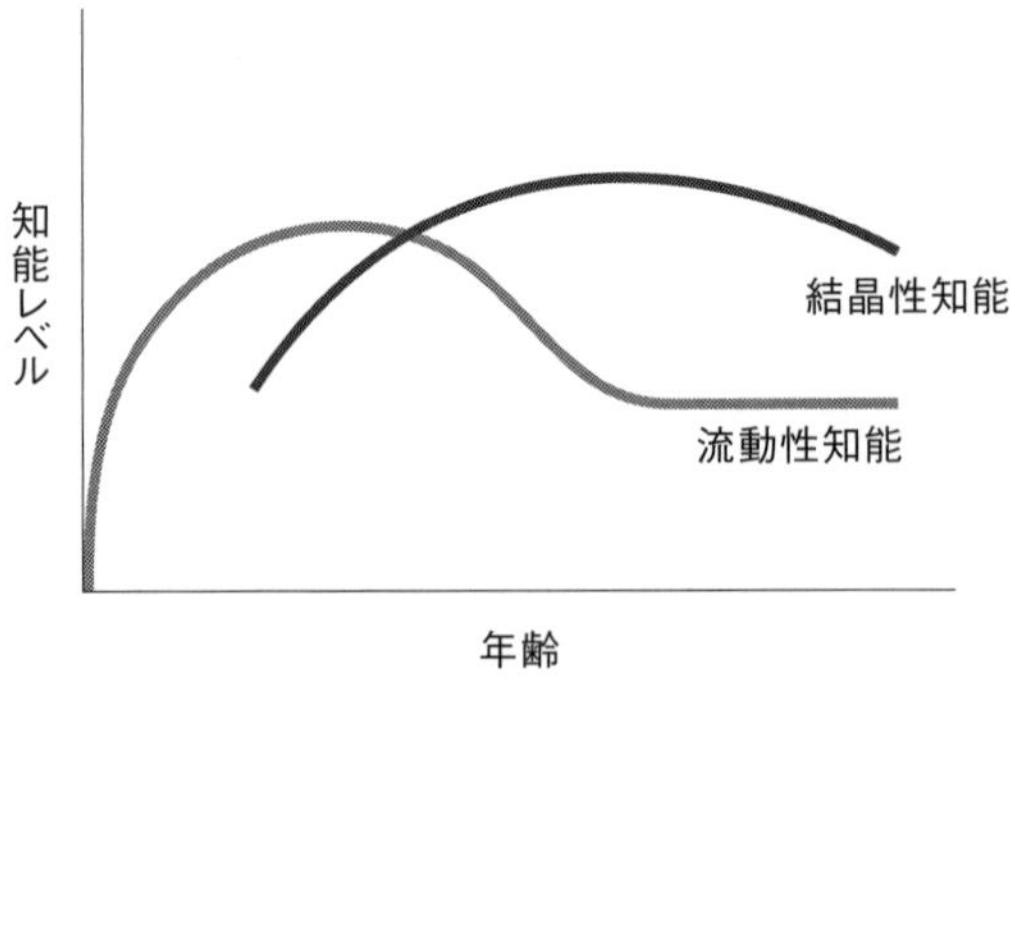

ませんから、加齢による強みを発揮することは可能です。この再設計が比較的容易なキャリアもあります。たとえば、歴史の研究では、大量の知識と知恵を蓄えて統合する必要があり、ほぼ100％結晶性知能によって成り立つ分野です。

しかし、結晶性知能を活かしやすい、もっと一般的な職業もあります。その最たる例が、教師です。話術と、大量の蓄積された情報を説明する才能が求められる職業です。教職が若者より高齢者に向いているのは、不思議でも何でもありません。『The Journal of Higher Education（ザ・ジャーナル・オブ・ハイヤー・エデュケーション）』誌に掲載された近年の研究では、大学学部内でも特に高齢な教授たちの指導が最も高く評価される傾向にありました[*5]。その傾向が特に顕著だったのが人文系学部で、人文系学部の教授たちの評価点は、キャリア初期が最低で、60代と70代にかけて改善していました（本書をお読みの大学生に一言。高齢な教授の授業を取りましょう）。

この晩年に成功する傾向は、大学教授の在職期間が長くなる一因になっていると思われます。大学教授の4分の3は65歳以降に引退を予定しています（いっぽう、アメリカ人の引退の平均年齢は62歳です[*6]）。この話で思い出すのが、大学院を卒業して助教授となった1年目のある日、60代後半の同僚と話したときのことです。引退を考えたことはありますか、と私が尋ねると、同僚は笑いながら、「僕がここを去るのは生きているときじゃなくて死んだときじゃないかな」と答えました。

この言葉を学長が聞いたら、苦笑いしたことでしょう。大学の管理職たちの言い分は分かります。終身在職権を持つ教授陣は、キャリアの最後の数十年に入ると研究の生産性が顕著に落ちるし（研究の生産性は流動性知能に左右されます。分析的な研究であればなおさらです）、高齢の教授たちでポストが埋まっているせいで、本来雇用できるはずの、研究に積極的な（かつ流動性知能にあふれた）若手の学者を雇用できないじゃないか、というわけです。しかし、そこにチャンスがあるのです。立てるべき問いは「高齢の教授陣を刺激し、学術雑誌用の複雑な論文を書かせるにはどうしたらよいか」ではなく、「職位をはく奪せずに、これまでの発見や経験を教職に活かしてもらうにはどうしたらよいか」です。

晩年に入ったら指導に回るという考え方は、古今東西の偉大な知恵文学に見られるテーマです。オイゲン・ヘリゲルの名著『弓と禅』では、弓道の老師が次のように言っています。「燃えるろうそくで他者のろうそくに火を灯すのと同じように、師というものは、火種となる正しい術の精神を心から心へと灯すのです」

紀元前1世紀に政治家、弁護士、学者、哲学者として活躍したマルクス・トゥッリウス・キケロの知恵も借りましょう。キケロは当時の声を現在に伝える最重要人物で、キケロが生きた時代のラテン文学のうち、現存する文学の4分の3は、キケロの著書です。[*7] キケロは晩年、『義務について』と題する息子宛ての公開書簡を書き、高潔な人が負うべき責任について語っています。その大部分は若者の義務について語られていますが、人生の後半の職業にも触れています。

> **老人**は（中略）肉体労働を減らし、頭を使う活動を増やすべきであるように思う。相談に乗ったり、実用的な知恵を教えたりして、友人や若者、そして何より国家にできるだけ奉仕するよう努力すべきだ。[*8]

キケロは歳を取ってからの生き方について3つの信念を抱いていました。第1に、ぐうたらせずに、**奉仕**に専念すべきであること。第2に、晩年に恵まれる最大の強みは**知恵**であり、学習と思考から生み出す世界観によって、他者を豊かにできること。第3に、晩年ならではの才能を活かす手段が**相談**を受けることであり、お金や権力や名声といった世俗的な見返りを狙わずに、他者を指導、助言、教育すべきこと。

ちなみに、キケロは良い助言をしただけではなく、その助言を実践して生き、その助言を貫いて死にました。当時は、政治的な提言をする知識人にとって危険な時代でした。現代は「キャンセルカルチャー」に悩まされていますが、キケロは攻撃的な思想が原因で（特に、ユリウス・カエサルが殺害された後、マルクス・アントニウスを弾劾したことが仇《あだ》となりました）、63歳のときに**暗殺**されたのです。自らの政治観が仇となり命からがらに逃亡したものの、ローマの百人隊長にとらえられ、まさに殺されようというときのことです。結晶性知能がピークを迎えたキケロは死の間際も教師で、「あなたがやろうとしていることは、まったく適切ではない。でも殺すなら適切に殺してみなさい」と百人隊長を指導したそうです。[*9]

2年ほど前、シリコンバレーにある有名なテック企業の従業員向けに講演をしたところ、結晶性知能によって可能になる教える才能について、考えさせられた出来事がありました。話を終えると、聴衆の青年から、ハイテク業界における多様性の問題について質問されました。技術職には少数派の人種や女性がほとんどいないことを問題視しているとのことで、私は喜んでそれに対する意見を述べました。そして、せっかくなので逆に質問してみました。若手が大多数を占めるその業界に、年齢の多様性に対する問題意識が存在するかが気になったからです。「この会社では高齢者は足りていますか?」という質問に対する青年の答えは、実に勉強になりました。

「高齢者って、30歳以上の人のことですか?」

なんてこった、と心の中で叫びましたよ。

高齢者にあてがう仕事を捻出しろと言っているわけではありません。高齢者は経験豊富で、ありがちな愚かな過ちを犯し尽くし、避けられる過ちを犯さないように若者たちに教えてやれる立場にあります。その人たちの知恵と経験をかき集めよう、と言っているのです。この数年、テック分野の若手だらけの企業は、スキャンダルや企業イメージの急落に見舞われています。かつては資本主義の未来とあがめられたのに、今では有害な製品を作る企業、自己中心的で子どもっぽいリーダーの率いる企業と見られがちです。他業界の高齢の経営陣たちは、テック企業の若い創業者たちが一見して明らかな過ちを犯すのを見て、やれやれと思っているのです。

　では、そんなやり手の若者たちに足りないものは何でしょう？　それは、製品開発チームの高齢者、マーケティング部門の高齢者、最高幹部の高齢者です。斬新なアイデアだけでなく、苦難続きの歳月からしか得られない実のある知恵が必要なのです。

第２の曲線の喜び

　第2の曲線の存在は、誰にとっても素晴らしい知らせとなります。なぜなら、第1に、40代か50代に発生する典型的な能力の落ち込みに説明がつくからです。言い換えれば、あなたが私と同年代以上であれば、落ち込みはあなたに限った話ではないのです。第2に、成功したければ、高齢者に有利な第2の波に乗ればよいと分かるからです。第3に、大方の予測によれば、この第2の波で得るものは、第1の波で得るものよりも（儲けや名声の点では劣りますが）価値があるからです。結局のところ、ことわざにもあるように、「トマトはフルーツだと知っていることが知識、フルーツサラダにはトマトは入れないと知っていることが知恵[*]」なのです。聖書の言葉を借りるなら、「生涯の日を正しく数えるように教えてください。知恵ある心を得ることができますように」ということです。[*10]

＊この格言の発言者については長年複数の説が存在します。

あなたが流動性知能の落ち込みを今まさに経験しているなら――私と同年代ならそうでしょう――あなたはまだお役御免ではありません。流動性知能曲線から結晶性知能曲線へと飛び移る時が来たということです。時に抗う人は新しい曲線に乗らずに、古い曲線を曲げ戻そうとしているのです。しかし曲げ戻すことはまず不可能です。そのため、ひどく悔しい思いをするだけで、たいていは成功していません。

それなのに、なぜ人は懲りもせず同じ試みを繰り返すのでしょう？　理由は2つあります。第1に、第1の曲線は自然と下降していくものだという認識がありません。自分の調子が悪いんだと思っています。第2に、別の種類の成功に通じるもう1つの曲線が存在することを知りません。

それに、もう1つ曲線があるのではと思っても、飛び移るのは難しいし恐ろしいことかもしれません。生活やキャリアを変え、教育者の立場に近づくには――教育者の意味するところは分野によって異なるにしても――勇気と不屈の精神が必要です。誰もがそれを望むわけではありません。拒む人もたくさんいます。

しかし思い切って飛んだ人には、必ず莫大な見返りがあります。本書の取材をするうちに気づいたのですが、50代、60代、70代に大きな幸福感と満足感を抱いている人たちは、例外なく、第2の曲線に飛び移った人です。例を2つ紹介します。まずは、48歳の保険数理士の男性から。男性は次のように語りました。

⋯⋯⋯⋯⋯⋯⋯⋯⋯⋯⋯⋯⋯

私は今、引退が楽しみになってきたところです。働かなくてよくなるからというより、自分にとってとても重要になってきた別のことに取り組めるからです。日中の仕事とは別に、週に1回、夜、金融数学を教えています。長年のキャリアで得た知見を熱意ある若者たちに伝えられるので、とてもやりがいがあります。生徒たちは学習欲にあふれています。そんな生徒たちに会い、教科書には載っていないような発見の手助けをするのは、楽しいことです。

テレビジャーナリストを引退し、小さな大学の教職に就いた女性も、同じような感想を漏らしています。

学問の世界に入れて幸運です。高齢者が評価される世界だと思います。同僚の教授たちに比べれば私はまだまだ若造で、教授たちは魅力的で優秀な方ばかり。ニュースの世界と学問の世界を比較したときに、特に素晴らしいと思う違いの一つが、それです。大人が尊重され、指導的役割を任されるし、大人の知識が正当に評価されます。ニュースの世界では革新性がモノを言いますから、学問の世界のようにはいきません。

バッハのようにあれ

第1章では、歴史上の著名なストライバーたち、チャールズ・ダーウィンとライナス・ポーリングを取り上げました。2人は第2の曲線の存在を知らなかったか、知っていても飛び移れませんでした。しかし歴史には、それを見事にやってのけた人々も存在します。不本意な落ち込みの後に、第2の曲線を見つけ輝きを放った例として、ぜひ紹介したいのが、大作曲家ヨハン・セバスティアン・バッハです。

1685年、ドイツ中部の名音楽家の家系に生まれたJ・S・バッハは、類まれな天才音楽家として、早くから頭角を現しました。当時としては可能な限りのあらゆる楽器編成の曲を作り、生涯に1千曲以上の作品を発表しました。オーケストラと合唱のためのカンータに関して言えば、音楽史上傑作とされるもののうち、数十曲をバッハの作品が占めているように思えます。コンチェルトはというと、作曲技法の面から見て、文句のつけようがありません。ピアノ曲は、無駄がなく優雅です。

バッハは、私の大好きな作曲家です。バッハの音楽が好きすぎて、子どもの頃は自慢げに説明していました――「バッハ（小川）」を英語風の苗字にすると「ブルック」で、それをもっと一般的な苗字に置き換えると「ブルックス」になるんだよ、と。すごい偶然でしょう？

とはいえ、バッハのファンは私以外にもいくらでもいます。バッハの無伴奏チェロ組曲を世界中の聴衆に届けた、20世紀を代表するスペインの名チェロ奏者パブロ・カザルスは、自分にとっての音楽の英雄について次のように述べました。

「神性が明らかになるまで人間性をはぎ取り、日常的な活動に精神的な熱情を吹き込み、最もはかないものに永遠の翼を授け、神聖なものを人間らしく、人間らしいものを神聖にするのがバッハである。音楽史上最も偉大で純粋な瞬間だ*11」

また、作曲家のロベルト・シューマンに言わせれば、「宗教があるのは教祖のおかげ。それと同じくらい、音楽があるのはバッハのおかげ」なのです。そこまで言っていいのか、つまりバッハとキリストを同列に論じていいのか私には分かりませんが、本章を読み終わったら、「マタイ受難曲」かミサ曲ロ短調をぜひ聴いてみてください。私も今この言葉を書きながら聴いているのですが、その曲を聴けば、バッハが一部の人から「第五の伝道師」と呼ばれる理由が理解できるでしょう。

話は変わりますが、バッハは20人の子をもうけたのです。バッハの驚異的な生産量は音楽に限ったことではありませんでした。最愛の先妻マリア・バルバラ（55歳で非業の死を遂げました）との間に7人、後妻アンナ・マクダレーナとの間に13人です。成人まで生きた子どもは10人だけでしたが、うち4人は作曲家となり、親の七光りではなく自分自身の能力でかなりの名声を博しました。その代表がカール・フィリップ・エマヌエル・バッハで、「C・P・E・バッハ」の名で後世に知られています。

J・S・バッハの音楽様式は、ハイバロックでした。J・S・バッハは、キャリアの初期には、多くの人から有史以来最高のバロック音楽作曲家とみなされていました。仕事の依頼が絶えず、王族（特にアンハルト＝ケーテン候レオポルト）からもひっぱりだこで、若手の作曲家たちからは作風を模倣されました。愛する大家族に囲まれながら、ますます名を上げていきました。

しかしその名声と栄光は長くは続きませんでした。その原因は少なからず、ある若手の有望な新人の出現により、音楽界の状況が急変し、J・S・バッハのキャリアが役立たなくなったことにあります。ハイバロックはディスコ並みに時代遅れになり、J・S・バッハはスポットライトの外へと追いやられました。そうやってJ・S・バッハの立場を略奪した張本人は、他でもない、バッハの実の息子C・P・E・バッハでした。

C・P・E・バッハは早くから父と同じ音楽的才能を示しました。成長とともに、バロックの流儀を修得しながらも、当時もてはやされた最新の「古典派」音楽に魅了されていきました。古典派音楽の人気とともに、C・P・E・バッハの名声も高まりました。それに対し、バロック音楽は、時代遅れで野暮だとみなされるようになりました。そして、新しい作風の音楽を書かなかった（もしくは書けなかった）J・S・バッハをはじめとするバロック音楽の作曲家たちも、バロック音楽と同様の評価を受けました。

こうして、J・S・バッハに代わり、C・P・E・バッハが一族の音楽的寵児《ちょうじ》となりました。J・S・バッハが生きた最後の数十年間（とその後1世紀の間）、C・P・E・バッハはバッハ家一の大物と考えられていました。ヨーゼフ・ハイドンとルートヴィヒ・ヴァン・ベートーベンは、C・P・E・バッハを崇拝し、C・P・E・バッハの作品を収集しました。ヴォルフガング・アマデウス・モーツァルトは、J・S・バッハではなくC・P・E・バッハを指して「バッハは父で、私たちは子どもである」と言っています。

J・S・バッハは、ややもすればダーウィンのようにみじめな思いをする可能性がありました。第一線で活躍できなくなり、音楽通から取り残されてしまった、と。しかし実際には、我が子の独創性を誇りに思い、自分の人生を設計し直し、音楽の革新者から名教師へと転向したのです。人生最後の10年間は、とりわけ『フーガの技法』の制作に時間を費やしました。『フーガの技法』は、あるテーマに基づいて書かれたフーガとカノンの曲集で、その狙いはバロック音楽の作曲法を教えることにありました。

『フーガの技法』は一種の教本だったのです。バッハの死後100年経ってからその真価が見直され、人前で演奏されるようになりました。今では、コンサートでもおなじみの曲となっています。考えてもみてください。教本でありながら、まるで文学作品、いえ、詩のようだと言われるほど美しいのです。J・S・バッハの偉大さが分かるというものでしょう。でも、『フーガの技法』に負けないくらい見事だったのが、J・S・バッハ個人のレジリエンス、回復力です。J・S・バッハは音楽の革新者としてキャリアの落ち込みを経験しました。しかし挫折感や落胆を味わうどころか、教師として自らを革新し、幸せな父親として生涯を終えたのです。

J・S・バッハは、その偉大な教本のまさに執筆中に亡くなりました。『フーガの技法』のコントラプンクトゥス第14番の原稿は小節中で途切れており、後年、C・P・E・バッハによって「Über dieser Fuge . . . ist der Verfasser gestorbe（この箇所で（中略）作曲者は亡くなった）」と補記されました。この終わり方は、バッハ家にちなんだ内輪の冗談にもなっていました。というのも、そのフーガではBb－A－C－Bmという音の並びが使われていました。これをドイツ式の記譜法で記すと、Bbは「B」、Bmは「H」となります。つまりバッハ（Bach）はB－A－C－Hを曲の主題に用いたのです。そして不幸な巡り合わせにより、それがバッハの書いた最後の音符となりました。最後の瞬間まで人生をまっとうしました。

あらためて、チャールズ・ダーウィンの人生と比較してみましょう。ダーウィンとバッハは、表向きは似ています。2人とも並外れた才能に恵まれ、若くして革新的な発見や作曲をし、その偉業によって名声を築きました。若かりし頃の革新が時代の変化に合わなくなっても、大いに尊敬され、死後も不滅の名声を勝ち取りました。J・S・バッハは今ではC・P・E・バッハをはじめとする同時代の作曲家をしのぐ有名人となり、シリアス音楽をたまに聴く程度の人たちの間でさえ高い人気を誇っています。そしてダーウィンは歴史に残る偉大な科学者の一人として広く知られています（グレゴール・メンデルが一般的には知られていないのとは対照的です）。

ダーウィンとバッハの違いは、人生の乗り越え方にあります。中年期に**革新者**としてのキャリアが落ち込んだときに、どう対処したか、ということです。壁に当たったとき、ダーウィンは意気消沈しました。そして失意のうちに亡くなりました。多くの例にもれず、第2の曲線を探すことも見つけることもありませんでした。ですから晩年は落ち込みしか目に入りませんでした。

それに対し、バッハは流動性知能曲線が後半に差しかかると、思い切って結晶性知能曲線に飛び移り、けっして後ろを振り返りませんでした。革新者の第一線から脱落すると、自己を教師として生まれ変わらせたのです。そして人々に愛され、尊敬され（かつてほど有名でなくとも）、満足して、誰から見ても幸せに、この世を去りました。

「バッハに習え。バッハにはすべてが詰まっている」と、バッハの死から100年後、大作曲家ヨハネス・ブラームスは言いました。[*12]『フーガの技法』という美しい教本があるからこそ、その後何世紀にもわたり、作曲家たちはハイバロック音楽の技術を理解して再現してこられました。師匠と同じように、とはいかなくとも、どんな生徒でも初歩は押さえられるように、この教本にはフーガやカノンの作り方が明確に示されています。

バッハの模範的な人生にも、同じことが言えます。変化するスキルに合わせて天職を見事に変えたからこそ、バッハの人生は喜びと愛と他者への奉仕に満ちあふれていました。ブラームスの助言を音楽だけに当てはめるのではなく、バッハを見習って自分の人生をさらに良いものにしましょう。

誰しも生まれながらに才能を持っています。演奏不可能と言われたオルガン曲を15歳にして披露し、20代で作曲家として名を上げるなど、10代から頭角を現したJ・S・バッハのように、若くして天性の才能を発揮する人もいます。そうではなく、私の大半の教え子と同様に、もっと後に、大学と大学院で長年勉強してから自分の適所を見つけ、天職に就く人もいます。さらには、本書の取材に答えてくれた住宅建築業の男性のように、科学の高等教育を修了してから建築に目覚めるなど、遠回りをしてから自分の才能に気づく人もいます。そして、音楽が天職だと100%確信していたのに、その確信が崩れ、他の職に目を向けざるを得なくなり、社会科学の世界に適性を見出した、私のような人間も存在します。

いずれにしろ、夢中になれることを見つけたら、最初は情熱的に追求し、世のため人のために捧げるべきです。しかし、成功に固執しすぎてはいけません。能力の変化に応じて変わっていく心構えでいましょう。世俗的な威信を失っても、その変化を受け入れるのです。境遇の変化は、どんなものであれ、学び、成長し、価値を生み出すチャンスであることを忘れないでください。本章が伝えていることは、苦境にあっても精いっぱいそれを楽しもう、というレベルの話ではありません。「人生の後半だけに訪れる大きなチャンスを逃すな」ということです。

バッハだって、死後100年経ってから教師としての作品が見直され、世界中のコンサートで演奏され、自分が多くの人から史上最高の作曲家と目されるようになるとは、つゆほども思っていなかったでしょう。ただ、才能を最大限に活かし、自分の愛することを巧みに教え、息子たちの威信が高まっていくのを応援していただけです。その結果として、自覚なしに、曲線を乗り換えたのです。

人生の後半は、知恵で他者に奉仕しましょう。あなたが最も重要だと思うことを分かち合いながら歳を重ねるのです。何かに秀でているということは、それだけで素晴らしいことなのだから、それ以上の見返りは不要です。そう思って生きていけば、歳を経るほど最高に秀でた存在になれるのです。

第2の曲線に飛び乗る

ここまでの話をまとめて、ストライバー仲間のみなさんに、秘訣をお伝えします。ずばり、第2の曲線に乗りましょう。流動性知能で得られるものから、結晶性知能で得られるものへと飛び移るのです。自分の知恵を活かすことを覚えてください。

とはいえ、言うは易く行うは難しでしょう。次は第2の曲線に乗るべきだと知っていることと、実際に第1の曲線を飛び出すことは、別の話です。第1の曲線を飛び出すのは、並大抵のことではありません。なにしろ、ストライバーのまさにやらないことをやろうと言っているのですから。ストライバーはあきらめません。むしろいっそう仕事に励みます。しかし、あなたはここまでデータを見てきたわけです。そしてデータは嘘をつきません。「今以上に働く」という戦法では、うまくいかないのです。

そこで、本書ではここから、あなたが新しい曲線へ飛び移れるように助けていきます。まず、あなたを引き留めている3つの足かせと、その足かせを取り除く方法をお伝えします。足かせとは、「仕事と成功への依存心」、「世俗的な見返りへの執着」、「落ち込みに対する恐怖心」です。続いて、第2の曲線を第1の曲線より良いものにするために今すぐ始めるべきことを、3つご紹介します。つまり、「人間関係を深めること」、「精神性を探究すること」、「弱みを受け入れること」の3つです。最後に、曲線の過渡期に予想される心境についてお話しします。

道のりは長いですが、話はいたってシンプルです。あなたには第2の曲線があって、あなたはそこに飛び乗れるし、飛び乗ればとっても幸福になれるのです。

第3章

Kick Your
Success Addiction

成功依存症から抜け出す

「特別」になるよりも「幸福」になる

本書の執筆中に交わした最も痛烈な会話といえば、同年代の女友達との会話でしょう。彼女はウォールストリートで大成功しています。富も築いたし、高い評価を受けています。ところが、このところ、あちこちでミスをするようになりました。管理者としての判断に以前のような冴えが見られず、直感も頼りにならなくなってきました。かつては一同を指揮していましたが、今では後輩たちから不審の目を向けられています。そんなこんなで、落ち込みの兆しが見えて焦っていたときに、私の記事を読み、連絡をくれたのです。

私は彼女の人生についていろいろと質問しました。彼女は、もう何年も（というより、それまでずっとかもしれませんが）あまり幸せではありませんでした。結婚生活に不満を抱いていたし、少々飲酒が過ぎました。大学生の子どもたちとの関係は、悪くはありませんが疎遠でした。本当の友達はほとんどいません。信じがたい長時間労働をこなし、ほぼ常に疲れていました。彼女にとっては、仕事がすべてでした。いわば「仕事が生きがい」なのに、その仕事さえも失いかけ、怯えていました。

以上のことを、彼女は率直に答えてくれました。この話を聞けば、不幸に対する解決策は明らかだ、と思うでしょう。私も、なぜ不幸の原因を正さないんだい、と尋ねました。結婚生活を修復し、子どもたちと過ごす時間を増やし、飲酒問題の解決に必要な支援を取り付け、睡眠時間を増やし、体調を改善するべきです。もともとは身を粉にして働いたおかげで成功したのは分かります。でも、何かをすることで二次的に不幸になっていると気づいたら、その行動を正すのが普通でしょう？　たとえパン好きでも、グルテン不耐症になれば、体調不良を避けるために、パンを食べるのはやめるはずです。

彼女は私の質問についてしばらく考えていました。やがて私を見て淡々と言いました。

「私は**幸福**になるより、**特別**になりたいのかもしれないわ」

驚く私の顔を見て、彼女は説明しました。「幸福になるために必要なことは、誰にでもできる。旅行に行くとか、友達や家族と一緒に過ごすとか。でも、すごいことを成し遂げるのは、誰にでもできることじゃないから」。最初はその言葉を一蹴した私でしたが、後でひそかに思いを巡らせました。考えてみれば、私自身も彼女と同じ選択をしていた時期がありました。正直に言えば、人生の大半はそうだったかもしれません。

金融業に就いている彼女は長年、他者から（その中には、両親などの故人も数名含まれていました）賞讃される自分を作り上げてきました。何より、彼女自身の憧れの人物像、大成功している、バリバリ働く重役を演出してきたのです。そして、その願いどおり成功しました。しかし何事も永久には続きません。以前と違って、働けば働くほど物足りなさを感じていました。得られる幸福感も、権力や威信も、減っているような気がしました。問題は、彼女が作り上げた「特別な自分」は、アバターにすぎなかったことにあります。ある意味、彼女は自分の象徴を手に入れるために自分を売ってしまったのです。

私たちはこれと同じことを他者に対して行いがちです。人を、身体的な美しさ、お金、権力といった、1つか2つのきらびやかな特性に単純化しようとします。この行為を「モノ化」（訳注：人間性を考慮せずに表面的な特性で人をとらえ、「モノ」として扱う行為。客体化、対象化とも）と言います。このようにモノ化されることの恐ろしさは、有名人たちがよく語るところです。モノ化に基づく結婚、たとえばお金のためにする結婚は、必然的に無残な結末を迎えます。

他者をモノ化するのは不当で不道徳な行いだと、内心では誰もが分かっています。でも、自分をモノ化してしまうこともあるという事実は忘れがちです。先ほどの金融業の女友達は、仕事や成果、世俗的な見返り、プライドを軸に自分の価値を定義し、モノ化して、自分を特別な存在に仕立てていました。その「モノ」が徐々に失われていっているにもかかわらず、世俗的な成功に執着するあまり、変化を起こして今の自分にふさわしい幸福を追うことができなかったのです。

仕事依存症で、その根底には、成功依存症がありました。あらゆる依存症の例にもれず、その依存によって女友達は人間性を失いました。自分のことを、一人の人間というよりも高性能の機械、いえ、かつては高性能だった劣化した機械とみなしていました。

この感覚、あなたなら分かるかもしれませんね。私は分かります。本章では、下降していく流動性知能曲線にしがみつく原因となる自己モノ化、仕事依存症、そして何より成功依存症の真相に迫りましょう。さらに重要なこととして、そうした抗いがたい束縛から抜け出し、新しい成功に向かって飛び移るための方法を見ていきましょう。

依存症になって

「私は**幸福**になるより、**特別**になりたいのかもしれないわ」

その金融業の女友達の言葉を聞いたとき、うっすらと連想したことがあったのですが、それが何なのか、はっきりとは分かりませんでした。しかし、数日過ぎてから思い出しました。昔、アルコール依存症と薬物依存症で長年苦しんでいた友人と会話を交わしたときのことです。依存症になって以来ずっと不幸のどん底にいたし、そのことはよく自覚していた、と言う友人に、率直に尋ねました。「不幸だと思うなら、なぜやめなかったの?」

金融業の女友達と同じように、その友人は間をおいてから答えました。

「幸福になることよりも、ハイになることのほうが、僕にとっては大事だったんだ」

その言葉を思い出したとき、はたと気づきました。幸福になることより特別になることを選ぶ人は、**依存症**に陥っているのです。にわかには信じられないかもしれませんね。酒に溺れて抜け出せない人を思い浮かべてみてください。あなたがイメージしたのは、運もお金も尽きた人、厳しい世間で負ったトラウマ(心的外傷)を酒で癒している人ではないでしょうか？　きっと、バリバリ働く成功者ではないでしょう。成功者が依存症の餌食になるとは考えにくいですよね？

でも、実は違うのです。経済協力開発機構（ＯＥＣＤ）によると、飲酒の可能性は教育水準および社会経済的地位が高いほど上昇します。[*1]　一説では――私も自分の研究に鑑みて同意見ですが――大きなプレッシャーのかかる仕事をしている人は、スイッチを切るように不安感を一時的に遮断しようとしてアルコールで自己治療する傾向があり、なかには、危険なほど大量の飲酒をする人もいます。

しかし、アルコール依存症は、ストライバーが陥りやすい唯一の依存でもなければ、おそらく最悪の依存症でもありません。私がこれまで見てきた中で、特にたちが悪く毒性の高い依存症は、**仕事依存症**です。「仕事依存症」という言葉は、１９６０年代に心理学者ウェイン・オーツによって生み出された造語です。きっかけは、オーツの息子が、多忙なオーツの時間を借りるために、わざわざ診察の予約を入れたことにありました。１９７１年に、オーツは仕事依存症を「絶え間なく働かなくてはいけないという強迫観念または制御不能な欲求」と定義しました。[*2]

仕事依存症は、仕事で成功している人たちによく見られる特有の症状です。『ハーバード・ビジネス・レビュー』誌によると、アメリカの労働者の週間労働時間が平均44時間なのに対し、アメリカのＣＥＯ（最高経営責任者）の週間労働時間は平均62・5時間となっています[3]。もっともらしい話です。私も、CEOだった10年の間、週間労働時間が60時間を下回ったことがあっただろうかと思います。私以上に長時間働き、仕事以外の人間関係を深める時間がほとんどないリーダーだってたくさんいます。

圧倒的な長時間労働をしているリーダーたちは、まともな成果を出そうと思えば長時間労働もやむを得ないと口をそろえます。しかしそんな話は信じられません。私自身の人生を振り返っても、他者の人生を覗《のぞ》いてみても、仕事依存症の人はたいてい悪循環に陥っています。人よりたくさん、つまり必要以上にたくさん働くことで成功すると、そのペースを維持しないと桁外れな生産性を維持できないと考えはじめます。桁外れな生産性から得られる見返りは、落ちこぼれたくないという恐怖心へと変わり、ますます走り続ける推進力となります。こうなれば、仕事でいっぱいいっぱいになり、人付き合いや野外活動をする時間が取れなくなるのも時間の問題です。仕事以外のものはほとんど失い、仕事しか残っていないせいで、悪循環がさらに加速します。仕事依存症が恐怖心と孤独感を強め、恐怖心と孤独感が仕事依存症を強めるのです。

仕事依存症の診断では、一般的に次の3つの質問を用います。

1. 自由にできる時間は仕事に充てることが多いですか？
2. 仕事をしていないときも、仕事のことを考えがちですか？

3. 求められている以上の仕事をしていますか?[*4]

しかし、この診断の枠組みは、問題の本質をとらえていないと思います。本書の読者の大半は、「仕事依存症」であろうとなかろうと、この質問に「はい」と答えるに違いありません。心から仕事を楽しんでいて、一流になることに全力を注いでいるからです。一流になりたければ、解雇されない必要最小限の努力では足りません。必死に働いていても、それを楽しんでいるなら、仕事依存症ではないのです。

とはいえ、そこから仕事依存症へと発展してしまう人をたくさん見てきましたし、私自身も人のことは言えません。個人的には、次のように尋ねたほうが的を射ていると思います。

1. 仕事後に大切な人のために使うエネルギーを残しておけず、抜け殻のようになるまで仕事をやめられませんか?
2. 人の目を盗んで仕事をしていますか? たとえば、配偶者が日曜日に外出したら急いで仕事に取りかかり、配偶者が帰ってくる前に机の上を片づけて、仕事の痕跡を消していませんか?
3. 仕事から離れて大切な人と行動をともにするよう配偶者などから提案されると、特別急ぎの仕事がないときでさえ、不安になったり、不機嫌になったりしますか？（ちなみに、この文章を書いている私は今、ちょっとカチンときて、弁解したい気分です）

まるでアルコール依存症みたいだなと思った人もいるかもしれませんが、それもそのはず。仕事依存症と家族関係をテーマに幅広い執筆活動を行っている心理療法士のブライアン・E・ロビンソンによれば、仕事依存症の人にはアルコール依存症の人と同じ行動パターンが多く見られるし、配偶者と疎遠である点も両者に共通しています。[*5] 依存症の人は「分かってもらえない」「責められている」と感じ、隠れて行為に及びます。一方、配偶者はほったらかしにされていると感じ、傷つきます。婚姻関係の解消に至ることも珍しくありません。[*6] すると仕事依存症の人は、2人の関係が破綻したのは相手が恩知らずだからだと弁明します。本書を書いていたとき、ある男性が言いました。「妻はお金で手に入るいろんないいものを欲しがるくせに、お金を稼ぐために必要なことを私がしていると、気に入らないんですよ」。そうでしょうね。

仕事依存症の人は、自分の求める成功を実現するには14時間目の労働が必須だと信じ込んでいます。しかし実際には、その時点になると、生産性は極端に下がる可能性が高いです。経済学の研究では一貫して、1日あたりの労働時間が8時間もしくは10時間を超えると限界生産性が低下する、という結果が出ています。[*7] 1日12〜14時間労働をしている人は、夕方以降は注意力が恐ろしく散漫になることに気づいているのではないでしょうか。単純に、人間の集中力は――座り仕事だと特に――そこまで長時間続かないのです。

あらゆる依存症に共通するのは、人間と愛情関係を結ぶに値しないもの、たとえば酒やギャンブルや賞讃、そして、そう、仕事と、不健全な関係に陥る点です。仕事依存症の人の人生は、仕事に支配されています。そのため、仕事依存症の人は記念日に出張し、我が子の野球試合を見逃します。キャリアを優先するために結婚をあきらめ、「仕事と結婚した人」と言われる人もいます。（人間との）良い結婚生活はどんな仕事よりも充実感を与えてくれると十分承知しているのにです。普通の労働パターンで生きている人には、理解しがたいことでしょう。しかし仕事依存症の人と仕事の関係を割くのはハイイログマとその子グマの関係を割くのと同じです。

仕事依存症になると、仕事に縛られます。しかしそれ以上に、それまでの労働パターンからいっさい抜け出せなくなります。別のことをして、明けても暮れても一緒にいる最重要の関係から離れるのが恐ろしいからです。こうなると、新しい曲線に飛び移ることはほとんど不可能です。

成功依存症

解決策を探す前に、もう少しこの問題を掘り下げる必要があります。アルコール依存症の人がアルコールに依存しているのはそのとおりですが、実際には、アルコール依存症の人は「アルコールが脳に与える作用」に病みつきになっているのです。

仕事依存症も同じです。仕事依存症の人が本当に求めているのは仕事そのものではなく、「成功」です。身を粉にしてまで働き、手に入れたいのは、お金であり権力であり威信なのです。なぜなら、それは世間から承認され、喝采され、賞讃されていることの表れであり、コカインからソーシャルメディアまであらゆる依存性のあるものの例にもれず、神経伝達物質のドーパミンを刺激するからです。[*8]

なぜそうも刺激を求めるのでしょう？　私が出会った人たちの一部に言わせれば、成功したときの興奮は、一瞬とはいえ、「普通」の生活の陰鬱《いんうつ》さを忘れさせてくれるのだとか。目標を達成することは、普段の冴えない気分を盛り上げる手段なのです。「普通」だと思うと焦ってしまい、赤の他人から得られるかもしれない賞讃を得るために大切な人をないがしろにするなんて、明らかに何かが間違っています。

しかしこの現象は、史上トップクラスのストライバーたちに、驚くほど共通して見られます。おそらく20世紀の最重要の政治家であろうウィンストン・チャーチルを例に挙げましょう。チャーチルは「黒い犬」について度々語っていました。チャーチルの言う「黒い犬」は、ウィスキーと強迫的な労働でごまかしていた憂鬱感であり、大物になりたいという抑えがたい欲望でした。戦時中の首相として多忙を極めても耐えがたい苦悩を忘れられなかったチャーチルは、同時期に43冊の本を書きました。

同様に、エイブラハム・リンカーンは生涯を通じて断続的に絶望的な悲しみに襲われ、時には自殺願望にかられることもありました。自分に刃を向けてしまいそうだからポケットにナイフを入れて出歩かないようにしている、と友人に明かしたこともあります。[*9] 1838年、リンカーンの地元イリノイ州スプリングフィールドの地方紙『Sangamo Journal（サンガモ・ジャーナル）』紙に「自殺の独白者」と題する匿名の詩が掲載されました。歴史家の大半が、この詩をリンカーンの作品と見ています。以下に一部を抜粋しましょう。

……………………

見事な刀よ！　その鞘《さや》から飛び出し
きらめきながら　その能力を示せ
我が気管を引き裂き
血の雨を降らせよ！

この詩は、リンカーンが非常に活動的だった時期に生まれました。このときのリンカーンが、精神科医ジョン・ガートナーが「軽度躁《そう》状態」と呼ぶ精神状態にあったことは明らかです。軽度躁状態は、高い業績を上げた人の大うつ病エピソードの合間によく現れる、躁病に近い精力的な精神状態のことです[*10]。リンカーンは、うつ病の治療を始めるまで長年、コカインからアヘンまであらゆる手段を試しました。しかし、日ごろから変わらず頼りにしていた手段は、仕事と世俗的な成功でした。

西暦400年頃に書かれた、聖アウグスティヌスの『告白』に、素晴らしい一節があります。まず他者目線の成功を求める飽くなき欲が描かれています。「私は名誉を渇望し（中略）ほとばしるさまざまな思いに心を奪われ、平静を失っていた」（成功依存症の人ならこの気持ちが分かるでしょう）。続いて、ミランの路上で乞食《こじき》を見かけたときの描写です。なんと、聖アウグスティヌスは、乞食にひそかな憧れを抱きました。

「乞食は楽しく、私は不安。乞食は心配事がなく、私は不安だらけ」

思うに、私たちは成功依存症になるように進化していくものなのではないでしょうか。成功することで他者に対する魅力が増し、遺伝的適応度が高まるのであれば、その進化は理にかなっています（結婚生活が破綻しない程度であれば）。しかし、絶えず注目される特別な存在になるには、高い代償を払わなければいけません。少数のリアリティー番組のスターと、偶然有名になった人は別として、成功者になるのは過酷なことであり、犠牲を伴います。なにしろ、1980年代に医師のロバート・ゴールドマンが発表した有名な研究結果によれば、大志を抱いている陸上選手の半数は、今オリンピックの金メダルを取るためなら、5年後に確実に死んでも構わないと考えます。[*11] ジョン・ミルトンは詩『リシダス』で次のように述べています。

「名声は、明晰《めいせき》な精神を高め、喜びを嘲笑し労多い日々へと駆り立てる拍車である」

しかし目標が達成されることはありません。成功依存症の人はいくら成功してもし足りないのです。高揚感は一両日もすれば消え、成功依存症の人は次の成功を探しに向かいます。「幸福になるために成功に依存する人は不幸だ」とは、元F1ドライバーのアレックス・ディアス・リベイロの言葉です。

「そういう人は、成功したキャリアが終われば、一巻の終わりだ。苦い思いを抱きながら死ぬか、他の職業でさらなる成功を探し求め、成功から成功へと渡り歩いて倒れ死ぬか、運命は2つに1つ。いずれにしろ、成功後の人生は存在しないだろう[*12]」

自分をモノ化する

私は物心ついた頃から、他者をモノ化するのは悪いことだと聞かされて育ちました。他者を――特に女性を――主に身体的な特徴でとらえる男になってはいけないと、父から叩き込まれました。モノ化は相手の人間性を奪う行為で大罪だと、私も父も信じていました。

この道徳的な教えは、まったく目新しくもなければ、特別神聖なわけでもありません。たとえば、哲学者イマヌエル・カントはこれを主要なテーマの一つとして追求し、次のように書きました。

「人が、ある人の欲求の対象となったとたんに、道徳的な関係性の動機はすべて機能しなくなる。なぜなら、ある人の欲求の対象となった人は、モノと化し、全員からモノとして扱われ利用される可能性があるからである」[*13]

このカントの言葉は、ほぼ完全に、性的なモノ化と、性的なモノ化によってウェルビーイングが低下することに主眼を置いていますが、仕事などではモノ化は別のかたちで現れます。カール・マルクスが主眼を置いたのはこちらのほうで、1844年に、こう書いています。

「人間の想像、つまり人間の脳と人間の心による自発的な活動は、本人から独立した活動として個人に作用する（中略）労働者の活動は、労働者の自発的活動ではなく、他者に属するものであり、自己を失うことだ」[*14]

これは、資本主義という経済的社会的システムによって人々が不幸になるというマルクスの指摘です。資本主義は、人々を人間から成る機械の一部にしてしまう。そこでは、人間性は抹消され生産性のみが残る。人々はモノ化され、単純化されてしまう、というわけです。

資本主義というシステムの分析に関しては、私はマルクスと意見が異なります（それについては過去に著書も出しました）。しかし、「労働者として人をモノ化すると幸福が損なわれる」という指摘は、的確だと思います。2021年にフランスの研究者2人が、『Frontiers in Psychology（フロンティアーズ・イン・サイコロジー）』誌にて、職場でのモノ化の指標を発表しました。その基準は、「道具として利用されている」という感覚があるか、そして、「労働環境において主体的行為者とみなされていない」という感覚があるか、でした。[*15] 2人によると、職場でのモノ化は、燃え尽き症候群や職への不満感、うつ病、セクハラにつながるといいます。

このように、「他者をモノ化する」という道徳的な問題としてモノ化を語る分には、話はいたって単純です。しかしモノ化する側とモノ化される側が同一人物となると、話が複雑になってきます。これは、いわゆる「自己モノ化」です。学術的な定義によれば、相手の人間性を隅々まで考慮しない第三者的視点から自分をとらえることです。[*16] 例を挙げるなら、鏡に向かったときに、外見の良し悪しだけで、不足感や無価値感を抱いたり、逆に満足感や幸福感を覚えたりすることです。仕事で言えば、良くも悪くも自分の価値を仕事の成果や職業的地位で判断することと言えます。

自己モノ化をすると、自尊心も人生の満足感も低下します。女性たちが行う身体的な自己モノ化に限って言えば（自己モノ化に関する研究は実質すべて、この身体的な自己モノ化に焦点を当てています）、自己モノ化をすると自分の体を恥じて自己肯定感が下がり、そのせいで人生の満足感も低下することが、研究で明らかになっています。[*17] 特別魅力的な人たちの場合でさえ、この種の視点で自分を見ること自体が、人間性をはく奪する、自己批判的な行為なのです。なにしろ、体には必ず不満な部分があるものです。当然ながら、こうした問題はすべて、ソーシャルメディアによって悪化します。ソーシャルメディアは、自己モノ化をかつてないほど容易にしています。[*18]

若い女性を対象とした研究では、自己モノ化は、透明人間になったかのような感覚と自主性の欠如につながること、摂食障害やうつ病と直接関係していることが判明しています。[*19] また、自己モノ化は、何ということのない日常的な活動をこなす能力も低下させます。2006年に行われた19～28歳の女性79人を対象とした実験では、女性たちにセーターか水着のどちらかを着るよう無作為に指示しました。さらに、その状態で全身鏡を見て、セルフイメージに関する質問票に回答してから、色を識別する単純作業をこなしてもらいました。[*20] すると、水着を着た女性、つまり「私＝私の体」という気にさせられた女性は、セーターを着た女性に比べ、色を識別するスピードが有意に遅かったそうです。

職業的な自己モノ化をし、「私＝私の仕事」と考えている場合に、幸福感と能力がどう変化するかを調べた研究は存在しません。しかし常識的に考えて、職業的な自己モノ化は、身体的な自己モノ化に引けを取らないほどひどい圧制でしょう。なにしろ、マルクスの主張どおり、自らが無慈悲な労働監督となり、自分をこき使い、単なる経済人《ホモ・エコノミクス》として扱うことになります。「まだ成功を維持できているだろうか？」という問いに対するイエスという答えを求め、愛と楽しみを犠牲にして働く日々を繰り返します。生身の自分から切り出され、等身大の人型パネルになってさまよい続けます。そして避けられない終わりが訪れたら――キャリアの落ち込みが始まったら――かつての希望と勢いを失って自分に戻り、必然的に他者から忘れられるのです。

1964年の著書『人間拡張の原理――メディアの理解』にて、マーシャル・マクルーハンが「メディアはメッセージである」という有名な主張をしました。[*21] その際、よく知られているギリシャ神話を引き合いに出し、「ナルキッソスは自分に恋をしたのではなく、自分のイメージに恋をしたのだ」と述べました。私たちが職業的な自己モノ化をするときも同じです。仕事はメディアであり、メディアはメッセージです。私たちは現実の自分ではなく、成功している自分のイメージを愛しているのです。でも「あなた＝あなたの仕事」ではないし、「私＝私の仕事」ではないのです（私自身も肝に銘じておきたいので、書かせてもらいました）。

プライド、恐怖心、社会的比較、離脱症状

自己モノ化の根底には、プライドの問題が存在します。現代社会では、プライドは良いものだと思われがちです。賞讃を示す言葉として使われています。たとえば、私は子どもたちに「お前たちは私のプライドだよ」と言ったりします。あるいは、臆面もなく、「私は本書にプライドを持っている」と言ってもいいかもしれません。しかし、プライドという言葉がこのような意味合いで使われるようになったのは、比較的最近のことです。ほぼすべての哲学の流派において、プライドは人を徹底的に腐敗させる凶悪な罪とされています。仏教では、プライドを意味する言葉として、**慢**という言葉が使われます。これは、自分を高く見て他者を軽視することで結局己を苦しめることになる「慢心」を意味するサンスクリット語に由来します。トマス・アクィナスはこれを、優越性を過度に求める、不幸へ至る欲望と定義しています。[*22] ダンテの『神曲』では、悪魔サタンはおぞましいプライドの犠牲者として描かれ、コウモリのようなグロテスクな翼を羽ばたかせ、その風によって凍った地面に、腰から下を氷漬けにされ苦しんでいます。

プライドはこっそりと、良いものの中に忍び込んでいます。聖アウグスティヌスは次の

ような鋭い指摘をしています。「他の罪はどれも悪行を犯したことに原因があるのに対し、プライドは善行にさえも潜み、善行を台無しにしようとする」[*23]。まったくそのとおりです。意味と目的の源であるはずの仕事が、人間関係を害する仕事依存症になり、優越性の産物である成功が成功依存症になる。すべてはプライドのせいです。

プライドの同類が恐怖心です。薬物やアルコールに依存する人たちは、自分が依存から抜け出せないのは、苦労やストレスや退屈がつきものの「普通の」暮らしを恐れているからだと口をそろえます。成功依存症の人も大きな恐怖を抱いていることが多いです。成功依存症の人が恐れているのは、失敗です。

失敗に対する恐怖心については、相当な研究がなされてきました。たとえば、大学生が一般的に最も恐れていることは「人前で話すこと」だと分かっています。「人は死よりも人前で話すことを恐れる」という有名な学説もあります[*24]。私がそのことを最も実感するのは、ストライバーの特徴が目立つ生徒たちを見ているときです。その生徒たちは、何事においても、たとえば授業で取るに足らないプレゼンテーションをするときでさえも、失敗に怯えているのです。しかし、失敗する恐怖心に悩まされているのは、若者や初心者だけではありません。2018年に実施された調査によると、CEOの90%が「失敗への恐怖心は、他のどんな心配事よりも寝つきを悪くする、と認めている」そうです[*25]。

成功依存症の人はみんな、恐怖心に駆り立てられているのです。哲学者ジャン＝ジャック・ルソーは、著書『告白』で次のように書いています。

「私は罰を恐れているのではない。不名誉を恐れているだけだ。不名誉は、死よりも、犯罪よりも、この世の何よりも恐ろしい」[*26]

この言葉、あなたは共感できますか？

失敗を強く恐れている人たちが、実際にことを成し遂げてもたいした喜びを感じられず、重大な場面で失態をさらすことを心配しているとは、なんと悲しい皮肉でしょう。[*27] 言い換えれば、その人たちを動かしているのは、価値あるものをつかみ取れる可能性というよりも、しくじる可能性に対する恐怖心なのです。

こうした恐怖心は、完璧主義に陥る原因の一つでもあります。実は、完璧主義と、失敗に対する恐怖心は、密接に関係しています。どちらも、「成功とは良いことをすることではなく、下手をしないことだ」という気持ちにつながるのです。失敗への恐怖心に悩まされている人なら、私の言わんとすることがよく分かるはずです。有名な登山家ジョージ・マロリーが、山を登る理由を聞かれて「それがそこにあるから」と答えたように、成功を目指す奮闘は本来、夢の目的地を目指す胸躍る旅であるべきです。しかし、失敗を恐れていれば、その旅は、崖から転げ落ちないようにするだけで精いっぱいの、苦行のような道のりに感じられてしまいます。

しかしその一方で、完璧主義者は自分のことを特別な存在だと思っています。研究によれば、完璧主義者は「自分は他者より高い能力と理想を持っていて、より高い成果を上げられる」と考えています。確かにそのとおりであることも多いのです。そうやって他者と比較し、優位だと思えばつかの間安心できますが、すぐに、落ちこぼれたらどうしようという考えが浮かび、破滅的な失敗が目に見えているかのような焦燥感にかられます。私も、他者より優れていると考えると、つまり「優れている」ことをアイデンティティーの核にすると、失敗など絶対にできなくなります。失敗したら、モノ化された自分から破門されてしまいます。そんなのは一種の死と同じです。

自分よりも成功している人を見ると負けた気になる、と打ち明ける成功依存症の人がたくさんいます。成功は基本的に**地位的**なもの、つまり社会的地位を高めるものです。社会科学者たちは何十年もの間、地位財では幸福になれないことを明らかにしてきました。「お金が欲しいのは、必要なものが買えるからで、それ以上の理由はない」と人々は口をそろえますが、そのお金でさえも、比較的低いレベルを超えると、地位を高める手段としての要素が大きくなります。かつてダライ・ラマの言葉を聞いてそのとおりだと思ったのですが、人は10本しか指がないのに20個の指輪を買います。そうやって地位を高めるのが、私たち人間の生来の習性なのです。

世俗的な成功を収めて地位を高めたいという願望は、一歩間違えれば強迫的な情熱へと変わります。問題は、この種の成功は、すべての依存性物質と同様に、どこまで行っても切りがなく、満足に至らないことにあります。どれだけ有名になろうと、どれだけ裕福になろうと、どれだけ権力を手に入れようと、満足する人はいません。「富は海水のようなものだ。飲めば飲むほど喉が渇く。名声もまたしかり」とは、哲学者アルトゥール・ショーペンハウアーが1851年につづった言葉です。1851年と言えば、ソーシャルメディアが登場し、この問題を10倍悪化させる150年以上前の話です。[*28]

一方で、成功の階層で上位を維持するのは過酷なことです。以前かなり有名な音楽家から、「名を上げてそれを維持する行為は、退屈と恐怖を組み合わせる不幸な行為だ」と聞きました。エミリー・ディキンソンはこの苦役を「私は無名の人！　あなたは誰？」という詩の中で見事に表現しました。

なんて退屈なんでしょう　偉い人でいるって！
なんて目立つんでしょう　カエルのように
6月中ずっと　その名を告げ
沼から返ってくる賞讃を求めるなんて！

……………………

俗説によれば、元大統領セオドア・ルーズベルトは、社会的比較を「喜びを奪う泥棒」と呼んでいたそうです。俗説の真偽はさておき、社会的比較が「喜びを奪う泥棒」であることは確かです。社会的比較をすると幸福感が減ることは、昔から研究で明らかになっています。[*29] しかし、そのことを理解するために、わざわざ研究をひもとく必要はありません。何時間かInstagramを覗いて、どれだけ自信を失うか試してみればいいのです。正確性に欠ける情報源から読み取った他者の成功と、自分の成功とを比較しているのですから、良いことは何一つありません。

社会的比較、失敗に対する恐怖心、そして完璧主義は、ダンテの描いたプライドに満ちた氷の海のようなものです。「成功しなければ人にどう思われるか」それどころか「自分にどう思われるか」という思考にとらわれ、凍って身動きできなくなります。いずれも成功依存症の産物です。挙句の果てに、待っているのが「離脱症状」です。

アルコール依存症の場合、離脱症状は身体的に苦痛な体験になる可能性があります。しかし、アルコール依存症の経験者に話を聞くと、実態はそれよりずっと深刻だと分かるでしょう。前述したとおり、酒は関係です。おそらく、アルコール依存症の人の親友です。アルコール依存から抜け出すことは、その親密な関係を失うことです。離脱の見込みが出てくるということは、虚無の奥底を覗き込むようなものです。あの最高の快感は二度と味わえないのです。

成功依存症の人も離脱症状を体験します。ワシントンD.C.のシンクタンクを経営していた頃は、いつもその現象を目の当たりにしていました。政治的な一線を退いた人たちは、それが自らの決断によるものかどうかにかかわらず、ひどく苦しんでいました。話すことと言えば、ほとんど昔話ばかりです。そして、後任者が助けも助言も求めてこないのはけしからん、とこぼしていました。

克服の一歩を踏み出す

もしかしたら、あなたはこの章を読むまで自分の依存症をはっきり自覚したことがなく、今もまだ半信半疑かもしれません。試しに、次の質問に答えてみましょう。

1. 自分の価値は肩書もしくは職位で決まると思っていますか？
2. 自分が成功しているかどうかの指標は、お金または権力または威信ですか？
3. 職業上の成功が終わった後の展開がはっきり見えてこない、または見込まれる展開に不快感を覚えますか？
4. 引退の具体的な予定はなく、働けるだけ働くつもりですか？
5. 職業上の成功によって人々に記憶されたいと思いますか？

「はい」が1つでもあった人は、成功依存症だと言えそうです。ちなみに、このプロジェクトを開始したときの私であれば、全問「はい」だったと思いますので、あまり落ち込まないでくださいね。

プライベートも仕事もうまくいっているうちは、成功依存症を解決しないと、従来の強さから新しい強さへと移ることはありません。成功依存症を解決するのは簡単ではありませんが、だからといって、依存症矯正施設に入る必要もありません。当然、仕事を辞める必要もありません（よかったですね。あなたも私と同じで、生計を立てないといけないでしょうから）。

しかし、真実を素直に認め、変化を誓わないといけません。「自分は今問題を抱えていて、解決したい。今までのやり方はもう通用しない。幸せになりたい」と認めるのです。なお、これはどんな依存症にも共通する、克服の第一歩です。アルコホーリクス・アノニマス（訳注：アルコール依存症の克服を支援する国際組織）が定める克服プログラムのステップ1（第一歩）も、「私たちはアルコールの前に無力であり、そのせいで生活が破綻したことを認めました」となっています。

幸福になりたいなら、「なんとしても幸福になりたい」、「世間から見た自分の特別度が多少下がることを受け入れて、自己モノ化をやめたい」と正直に宣言しなくてはいけません。「肩の荷を下ろしたい」という願望をはっきり口にするのです。そのために必要なのはプライドではなく、その対極にある謙虚さです。
私は謙虚になるためにあることを習慣にしていて、大きな効果を感じています。20世紀初期のスペインでは、カトリック教会の枢機卿ラファエル・メリー・デル・ヴァルが「謙虚の連禱《れんとう》」という美しい祈りを残しました。これは、屈辱から逃れることを求めるのではなく、屈辱の恐怖と向き合う勇気を求める祈りで、「主よ、屈辱を恐れる気持ちから我を解放したまえ」と詠われています。この詩に触発されて、私も短い連禱を作りました。そして、第2の曲線への移行を邪魔する仕事依存症、プライド、失敗への恐怖心、完璧主義、社会的比較にとらわれかけたときに、この詩を利用しています。あなたも、信仰を持っているかどうかに関係なく、この詩を利用できます。大事なことは、信仰の有無ではなく、依存症を言葉にし、解放されたいという願望を口にすることです。

人よりキャリアを優先する人生から、私を解放してください。
仕事にかまけて人生をないがしろにする行為から、私を解放してください。
他者より優位に立ちたいという欲望から、私を解放してください。
世間の空虚な約束に惹《ひ》かれる心から、私を解放してください。
職業上の優越感から、私を解放してください。
愛よりプライドを取る心から、私を解放してください。

依存から離脱する苦痛から、私を解放してください。
落ち込み忘れられる恐怖から、私を解放してください。

次のステップ

ストライバーの大半がそうであるように、あなたも世俗的な成功を達成するために長年を費やしてきたことと思います。それなのに今や、そうしたストライバーの本能に抗いなさいと言われているわけです。しかし、その道を歩みはじめれば、人生で手に入れた多くのものは、自他から見て「成功している」「特別な存在」というイメージを築くために飾っておく、単なるトロフィーだったと気づくでしょう。トロフィーは、物理的なもの、つまりあなたのすごさを象徴する「地位財」である場合もあります。その代表例が、家や車やボートですね。でも、そうしたものがあなたにとっては重要でないとしても（私にとっては重要ではありません）、または、あなたにとっての成功が大金をもたらす種類の成功でないとしても、他人事だと思わないでください。あなたのトロフィーは、地位財以外のもの、たとえばソーシャルメディアのフォロワー数や、有名人の友達、世間の水準から見て素晴らしい住環境かもしれないのです。

いずれにしろ、そうした特別性の象徴が大量のフジツボのようにあなたにこびりついていることを自覚するべきです。象徴は本当の満足感をもたらさないばかりか、あなたの体を重くし、次の曲線に飛び移るのを邪魔します。ある程度削り取らないといけません。しかしどれを削り取ればいいのでしょう?

大きな家からアパートに引っ越したことがあれば分かるでしょうが、引っ越しで一番厄介なのは、不用品の見極めです。一つ一つのものを眺めては思い出にかられ、「これにはいい思い出があるし、また必要になるかもしれない」と考えるものです。同様に、「自分はものすごく特別な存在だ」という誤ったイメージを捨てることを考えると、「後悔するんじゃないか」と恐ろしくなるでしょう。

そこで、次の章では、正しい「削り方」について考えていきましょう。

第4章

Start Chipping Away

欲や執着を削る

死ぬまで足し算を続ける生き方をやめる

台湾を訪れるなら絶対に見逃せない名所の1つが、国立故宮博物院でしょう。8千年前の新石器時代から20世紀初頭までの7千点以上にのぼる常設展示品は、中国の美術品と工芸品のコレクションとしては世界最大と言えます。

一つだけ問題があるとすれば、まさしくその規模です。1回訪れただけでは、コレクションのほんの一部しか見られません。ガイドなしだと見学はたちまち強行軍と化し、壺や複製画や石の彫刻品を次々と通り過ぎることになります。どれもこれも同じに見えて、最も印象に残ったのは同じ建物内の軽食堂という落ちが待っています。

そういうわけで、数年前のある日の午後、私は国立故宮博物院をきちんと楽しむためにガイドを雇い、有名な作品をかいつまんでその芸術的・哲学的意義を解説してもらいました。まったく予想もしていなかったことですが、たった一言で、そのガイドは私の人生を変えたともいえる助言をすることになります。

清朝時代に作られたどっしりとした翡翠《ひすい》の仏像を見ていたとき、「この作品には、東洋的な芸術観と西洋的な芸術観の違いがよく表れていますね」とガイドが何気なく言いました。「どう違うんですか?」と私は尋ねました。

ガイドは多くを語らず、質問に質問を返しました。

「これから制作されようとしている美術作品を想像してください、と言われたら、どんなものを想像しますか?」

「真っ白なキャンバスですかね」

「そのとおりです。あなた方西洋人は、芸術は無から生み出されるものだと考えているからです。東洋では、芸術はすでにあって、それを明らかにするのが人間の仕事だと考えます。足すから見えるようになるのではなく、芸術でない部分を取り除くから見えるようになるんです」

　未着手の芸術と聞いて私が真っ白なキャンバスを思い浮かべたのに対し、ガイドが思い浮かべるのは彫刻が施される前の翡翠の岩、それこそ目の前にある仏像の元となった岩の塊みたいなものだと言うのです。私にとっての芸術作品は、私が形を与えて絵を描いて初めて存在します。ガイドにとっての芸術作品はすでに存在し、岩から彫像でない部分の岩を取り除くことで姿を現します。

　この比喩は、彫刻の場合は極めて分かりやすいです。これが音楽となるとやや難しくなりますが、不可能ではありません。インド出身の音楽家から以前、どうしてブラームスの交響曲の「音楽を聴き取れ」るんですか、と尋ねられました。私はどういう意味かと聞きました。85の楽器が100デシベルもの音を響かせるオーケストラで、その音楽を聴かないのは極めて困難ですから。するとその音楽家は言いました。「あまりにも大人数で同時に演奏されると、僕の頭の中では音楽がぼやけてしまうんです」。これはまさに、西洋のクラシック音楽と、インドの古典音楽ラーガとの根本的な違いです。クラシック音楽は

「正解」に至るまで音を足していきます（結果として、ブラームスの交響曲のような巨大なオーケストラになります）。それに対し、ラーガは「本当の音楽」をぼやかす音をすべて切り捨てます（結果として、少人数の合奏になるわけです）。

やはり、芸術は人生観を映し出す鏡です。西洋では、損失を避け、より多くのものを蓄積することで成功と幸福を手に入れられます（または、そう信じられています）。お金、成果、人間関係、経験、威信、フォロワー、財産など、どれも多ければ多いほどよいのです。それに対し、ほとんどの東洋哲学では、「貪欲は物質主義と虚栄の種であり、その人の本質をぼやけさせ、幸福探しの旅を脱線させる」と警鐘を鳴らします。自分の姿が見えてくるまで、人生という翡翠の大岩を削り取らなくてはいけません。

西洋では一般的に、歳を取るほど人生の装飾品、つまりトロフィーは、増えていくべきだと考えられています。より東洋的に考えれば、話が逆になります。歳を取るほど、ものを蓄積して自分を装うのはやめ、無駄をはぎ取って本当の自分を見つけ、ひいては第2の曲線を見つけるべきです。紀元前4世紀に『老子』を著した老子は、次の言葉を残しています。

……………………

私は素朴な心によって打ち克《か》とう。
心が素朴であれば欲は生じない。

みなが欲を捨てれば、みなの心が平静になり、
世の中はおのずと安定するだろう。[*1]

……………………

私は本書の調査を開始してまもなくこの思想に出会い、心を奪われました。考えてみれば、生まれてからずっと芸術漬けでした。私自身が音楽家だったというのもありますが、母もプロの画家でした。だからいつだって、人生は創造力を発揮する試みだと思って生きてきました。「真っ白なキャンバス」という比喩は、そんな私の人生をずばりと言い表していています。真っ白なキャンバスを、アイデアや創造的な交流で埋め尽くしていく日々が、私にとっては何より楽しいのです。

しかし台湾人ガイドと話し、その教訓を振り返ると、人生の後半を生きている私にとって、西洋の比喩は正解とは言えないんじゃないか、と思い至りました。実は、幸福と満足の邪魔になりはじめているかもしれない、と。

50代となった私の人生は、財産、成果、人間関係、意見、責務でぎゅうぎゅうです。私は自問しました。

「死ぬまで足し算を続けることが、幸福な人生を手に入れるための正しい方程式なのか?」

どう考えても、答えはノーです。その手法は、そもそも無益なうえ、第1の成功曲線が下降し、努力で得られる見返りが減るにつれ、ますます効果的でなくなります。

第1の曲線から第2の曲線へ飛び移りたければ、人生にものを足すのではなく、足し続けてもうまくいかない理由を理解したうえで、ものを取り除かなくてはいけません。

バケットリスト

手に入れるもの、所有するもの、やることを延々と増やし続けることで幸福になろうとする戦略には、名前があります。「バケットリスト」です。この言葉をインターネットで検索すれば、8千万件の結果がヒットするでしょう。周知のとおり、バケットリストとは、死ぬまでに見たいもの、やりたいこと、手に入れたいものをすべて書き出したリストです。芸術作品が完成するまで筆を足していくのとまったく同じ考え方です。バケツに入っている項目をすべてやれば、充実した幸福な人生が手に入る、というわけです。

私はこの戦略に従っている人をたくさん知っています。あなたもたくさん知っていることでしょう。時々思い出すのが、まだ10代だった頃に出会った男性です。男性は、ソフトウェア分野の草分け的起業家で、人々の生活を一変させることになる変革の最先端にいました。貧しい育ちで、仕事も鳴かず飛ばずでしたが、30代後半にとあるチームに参加し、製品開発で大躍進し、現在もよく知られているコンピュータープログラムを開発したことで、本人も想像すらできなかったほど裕福になりました。

それ以来、男性のアイデンティティーはもっぱら、「成功した起業家」だけになりました。要するに、ずば抜けて特別な人、ということです。しかしそうなると、特別であり続けるために、一発屋ではいられなくなりました。男性はあれこれ画策しましたが、他に目立った成功は収められませんでした。そこでバケットリストを始めました。家を何軒か買いました。車も何十台も買いました。最新の便利機器、芸術品、高価な小物類を、気の赴くままに買いあさりました。あまりに買いすぎて、買ったものを楽しむことさえできなかったほどです。ダイニングルームは一種の倉庫と化し、獲得品の詰まった箱が未開封のまま積まれていました。絵画は飾られずに床に置かれ、車は使われていませんでした。

あるとき男性は満足げに、起業家マルコム・フォーブスの言葉を引用しました。「おもちゃを一番たくさん持って死ぬやつが勝ちだ」*2

それを聞いた私は思ったものです。

「おもちゃを一番たくさん持ってたって、死んだら同じだろ」

男性の時間の使い方と人間関係も、その購買行動と相通じるものがありました。男性は頻繁に旅をしては、ドイツの城、カンボジアの寺院、北極の氷山など、バケットリストに挙げた場所をつぶしていました。自分が見たものを人に見せるために、写真ばかり撮っていました。人間関係も似たようなもので、ほとんど知らない相手だけど写真を一緒に撮ったという理由で、何百人もの人を友達にカウントしていました。いわば、人をコレクションしていたのです。

そうまでしても、男性は幸福どころか不幸でした。昔の大成功を、つまりモノ化した自分の定義を自慢し続け、その自己像を強化できそうな新事業を探していました。男性が喉から手が出るほど欲しがっているものが成功であることは明らかで、その代替品としてのコレクションは、ますます増えて積み上がっていきました。しかし、男性の成功願望が満たされることはありませんでした。

これはなにも目新しい問題ではありません。この問題を解決した2人の男性を紹介しましょう。

王子から聖人になった者たち

1225年、貴族の家に生まれたトマス・アクィナスは、アクィノ伯ランドルフの息子で、イタリア中部の町ロッカ・セッカにある家族の居城で育ちました。ランドルフの兄弟（トマスのおじ）シニバルドはベネディクト会最古の修道院であるモンテカッシーノの修道院長で、社会的に権威のある立場でした。貴族の息子であるトマスも、聖職者になることを期待され、おじの輝かしい地位を継ぐ前提で育てられました。

しかしトマスはその世俗的な栄光には関心がありませんでした。19歳になると、新興の修道会であるドミニコ会（清貧と遍歴説教活動に徹する托鉢《たくはつ》修道士の一団）に入る意向を告げました。それが、自分の本当のアイデンティティーだと感じたからです。富と特権にまみれた人生をそぎ落とし、本当の自己を見つける必要がありました。

家族はその意向を認めませんでした。アクィノ領主の一家ともあろう者が、名もなき貧乏人に落ちぶれるなんて許せません（親が子どもをモノ化するのはよくあることですよね？）。トマスをドミニコ会から強制的に連れ戻し、1年間城内に幽閉したこともあります。幽閉中も決意を翻さないトマスに業を煮やした兄弟が、揺さぶりをかけるため、娼婦を雇ってトマスを誘惑させましたが、トマスは娼婦を暖炉の火かき棒で追い払いました。

とうとう家族が折れ、トマスはドミニコ会の修道院で学者としての道を究め、難解な哲学書を世に送り出し、実に幸福な日々を過ごしました。俗世の特別な地位よりも信仰の充実を選んだだけでなく、両者を区別する専門家にもなったのです。トマスに言わせれば、世俗の道を選ぶ人は「神の代用品」を選ぶ人です。その偶像は、偶像崇拝者をモノ化するだけで、偶像崇拝者の幸福願望を満たすことはけっしてありません。[*3] トマスが挙げたありがちな偶像の例は、宗教を信仰していない人にも当てはまるように思います。

その偶像とは、**お金、権力、快楽、名誉**です。

最後の「名誉」は、あまり不健全な執着には見えないでしょう。現代では、**名誉**はとても好ましい意味合いで使われます。私の息子はアメリカ海兵隊の隊員で、「名誉をもって貢献する」ことを期待されています。しかしトマスの言う名誉は、これとは違い、名声、つまり有名であることを指しています。こう聞くと、自分には関係ない（「有名かどうかなんて気にしませんよ」）と一蹴したくなるかもしれませんが、名声とは、名声の陰に潜む同類、威信と賞讃のことでもあり、要するに、「大物」とあがめられることです。成功してはいても不安な多くの読者は、職業的または社会的な威信にひどく執着します。

トマスの論じるところによると、そうした偶像は私たちが一人の人間として求めているものではないため、私たちの心を満たしません。それらは、モノ化された特別な自己に支払われる偽造通貨なのです。たとえばお金について、トマスは次のように述べています。

富をはじめとする世俗の財を求める欲に関して言えば（中略）私たちはすでに所有しているときはそれを軽蔑し、他のものを探す（中略）なぜなら、所有すると、そうした財の不十分さがいっそうはっきりするからだ。まさにその事実は、世俗の財が不完全であり、そこに至高善は存在しないことを示している。*4

言い換えれば、世俗的な財は満足をもたらしません。トマスは権力、快楽、名誉についても同様の論議を展開し、いずれの場合も、実は私たちの心からの願望を満たすには不十分だ、と結論づけています。

しかし、トマスはただ講釈を垂れたわけではなく、前述のとおり、それを実践しました。トマスが本当の意味で偉大になれた理由は、世間の定義する偉大さを捨て、世俗的な見返りを削り、自分の本質を見つけたからに他なりません。もしトマスがベネディクト会の大修道院長という輝かしい地位に就いていたら、トマスの生きた記録は中世の大修道院長を記した一覧にしか残らず、今日トマスを知る人は一人いるかいないか、いたとしても、博士論文を執筆中の無名の学生くらいだったでしょう。しかし実際には、トマスは当時の最も偉大な哲学者として名を馳せ、今なお西洋思想とカトリック教会に影響を及ぼしているのです。

トマスの知恵は実際の生活に応用可能で、「幸福を見つけるには、自分なら何を削るべきか」を理解するのに役立ちます。試しに、私の考えた「私の偶像は何？」というパーティーゲームをやってみましょう。トマスが挙げた4つの執着がそれぞれどの程度あなたを支配しているかを、低いほうから順にランクづけしていきます。たとえば、他者を動かす権力に興味がなければ、権力が4位。お金はあるに越したことはないけれど、そのために無理をするつもりはないので、3位。この調子で続けます。快楽は微妙なところで、惹かれはしてもコントロールできる、ということで2位にしましょうか。残ったのは名声、つまり威信または賞讃です。他者の好意的な注目を絶えず求める欲、一抹の後ろめたさを覚えながらも、惹かれずにはいられない、満たされることのない願望。それがあなたにとっての偶像で、それを手に入れるほど、あなたはモノになるのです。

トマスの話は珍しくもなければ、特別西洋的でもありません。釈迦《しゃか》の例があります。釈迦は紀元前624年、現在のネパールとインドの国境地帯に住んでいた釈迦族の王、浄飯《じょうぼん》王《のう》の下に生まれました。釈迦の母は釈迦の生後まもなく死去し、浄飯王は人生の憂き目から息子を守るという誓いのもと、息子を宮廷内に閉じ込め、息子の世俗的な欲求と願望をすべて満たしました。

宮廷から出たことがなかった釈迦でしたが、29歳になると、好奇心を抑えられなくなり、外界を見せてほしいと御者に頼みました。宮廷から町へ出ると老人に遭遇し、初めて老いというものを目の当たりにしました。人はみな老いるのだと、御者から聞きました。宮廷に戻ってからもその事実に悩まされ、もう一度町へ連れて行ってほしいと頼みました。

2度目の逗留《とうりゅう》では、病人と、朽ちかけた死体と、苦行僧に出会いました。病と死を知り再び苦悩しましたが、苦行僧には困惑を覚えました。あの男が探しているものが、私の満喫している世俗的な快楽でないとしたら、いったい何なのか、と。それに対する御者の答えが、釈迦の人生を変えました。「あの苦行僧は財産を放棄することで、（釈迦を悩ませている）病と死の恐怖から解放されることを目指している」というのです。

こうした体験に衝撃を受けた釈迦は、生きる苦しみとの向き合い方を学ぶために、翌日祖国を離れ、苦行僧となりました。それから6年、貧困の日々を送り、すべての快楽を絶ち、断食し、あえて苦痛に身を投じました。しかし悟りには至りません。断食をしていたある日、一人の娘から粥《かゆ》を提供されます。この施しを受けた瞬間、快楽の放棄自体は生きる苦しみから解放される鍵ではないと悟りました。そこで断食をやめ、沐浴《もくよく》し、菩提樹《ぼだいじゅ》の根元に座り、真理を体得するまで動かないと誓ったのです。

その後数日かけて、真理に目覚めました。苦しみからの解放は、俗事を放棄することで達成されるのではなく、俗事への執着を捨てることで達成されるのだ。極端な苦行も過度な快楽も避けた中道こそが目指す道であり、苦行と快楽はどちらも**執着**であるため不満に通じる。そう悟った瞬間、釈迦は仏陀《ぶっだ》になりました。

仏陀は、厄介な執着に対処するための実用的な指針を考案しました。それが次に示す四諦《したい》です。

真理❶　人生は、不満がつきものであり、苦（サンスクリット語：duḥkha）である。

真理❷　その苦は俗事に対する渇望、欲望、執着から生じる。

真理❸　渇望、欲望、執着を排除することで苦に打ち克てる。

真理❹　渇望、欲望、執着を排除するには、八正道《はっしょうどう》（サンスクリット語：magga）に従うことである。

この真理を私たちの問題に当てはめると、次のようになります――「私は世俗的な成功を通して世間からの見返りに満足を求めるようになったが、それではいつまで経っても満足には至らない。世間からの見返りに執着していると、見返りを得ても不満ばかり覚え、見返りを得られなくなれば余計に苦しむことになる。この問題を解決するには執着を脱ぎ捨て願望を再定義するしかない。それが私の悟りへの道であり、第2の曲線への道である」。

トマスも仏陀も、世俗的な見返りそのものが悪だと言っているわけではないことに注意してください。むしろ、世俗的な見返りは使い方次第では大いに善になります。お金は社会を機能させ家族を養うのに欠かせません。権力は他者を支援し伸ばすために使うこともできます。快楽は生活を活気づけます。名声を活かせばモラルを向上させる活動や思想に注目を集められます。しかしそれらに執着すると、つまり人生の関心が世俗的な見返りに集中し、それが手段ではなく目的になってしまうと、問題が生じます。世俗的な見返りからは、私たちの望む深い**満足**は得られません。

私たちは第1の成功曲線では世俗的な執着を追い求めます。死ぬほど働いて、手のひらをすり抜ける満足をつかみ取ろうとします。だから成功曲線が下を向き始めると、その執着にひどく苦しめられます。第2の曲線に飛び乗れるようにするには、その執着を削らなくてはいけないのです。

満足の科学

それから2千年近くかかって、大衆文化と現代社会の科学がようやく釈迦とトマス・アクィナスの知恵に追いつき、執着の問題に対する私たちの理解を助けてくれるようになりました。

ローリング・ストーンズの曲で知っている曲が1つだけあるとすれば、それはおそらく1965年の大ヒット曲「(I Can't Get No) Satisfaction.(絶対に満足できない)」ではないでしょうか。時代を超える名曲の一つですが、その理由は音楽としての素晴らしさではなく、人生の真理が歌われていることにあります。私たちの「トカゲ脳」(正確には、大脳の辺縁系)の奥、意識レベルのはるか下では、満足は左に示す誤った単純な方程式で定義されています。

満足 = 欲しいものを手に入れること

驚くほど単純でしょう。赤ん坊だってこの方程式に従っています。信じられませんか？フライドポテトに手を伸ばしてくる1歳児に、ポテトを1本あげて、表情を観察してください。あなたが前回大幅な昇給か昇進を果たしたときの表情と、大差ないはずです。あなたは心から望んだものをがんばって手に入れ、その見返りに深く満足したのです。

そう、深く満足するのです……1日か2日は。本当の問題はそこではないでしょうか？ローリング・ストーンズのあの歌のタイトルは「(I Can't *Keep* No) Satisfaction.（絶対に満足は続かない）」にするべきでした。私たちは、願望を満たして満足する方法は多少なりとも知っているのですが、その満足感を維持することがとてつもなく下手なのです。まるで、一つのものを長く楽しむことを、脳が阻止しているのではないかと思えるほどです。

そして実際に、そうなのです。その理由を理解するには、「ホメオスタシス」という概念を知る必要があります。ホメオスタシスとは、あらゆる生態系に備わっている、生存のために一定の状態を維持しようとする性質です。この言葉が初めて登場したのは、医師ウォルター・キャノンによる1932年の著書『からだの知恵 この不思議なはたらき』で、私たちには体温、水分、塩分、糖分、タンパク質、脂質、カルシウム、酸素濃度を調節する仕組みが備わっていることが説明されています。[*5]

ホメオスタシスは私たちの生命と健康を保つだけでなく、薬物とアルコールの作用機序にもなっています。初めてアルコール度の高い酒を飲んだり、ヘロインを打ったりしたときは、無防備な体に大きな衝撃が走ります。依存症の人は、その最初の感覚に病みつきになってしまうのです。これは非合法の薬物に限った話ではありません。私が初めて大量のコーヒーを飲んだときもそうでした。中学1年生のときのことです。友達の両親がエスプレッソマシンを買いました（当時は1977年でしたから、とても珍しいことでした）。私はシアトル育ちだったので、当時世界で唯一だったスターバックスまで一緒に出かけ、コーヒー豆を1ポンド買い、エスプレッソを1人8杯ずつ飲みました。その夜、私は友達の家の屋根に上り、樋《とい》で腹に深い傷を負ったにもかかわらず、血をだらだら流したまま、「なんて澄んだきれいな星空だろう」と思ったものです（ここまで極端ではなくても、依存性のある物質を初めて摂取すれば、誰でも似たような体験をする可能性があります。だからこそ、スターバックスは「最初の一口に覚えたあの感覚」をキャッチコピーにしているのです）。

あの最初の一口（ものによっては「一撃」「一発」と言うべきですが）に、あなたが快楽を覚える一方で、脳は均衡を破る急襲を感知し、侵入する薬物を中和することで反撃し、最初の感覚を復活させないようにします。ですから、今の私は飲もうと思えば一日中でもコーヒーを飲めますが、屋根に上がることはけっしてありません。さらに、ホメオスタシスはあらゆる娯楽物質に対しリバウンド効果を発揮し、飲酒後の二日酔い、ヘロインからの離脱症状、カフェインが切れた後の疲労感をもたらします。

依存症は基本的に、ホメオスタシスの不適応であり、均衡を乱す絶え間ない襲撃に脳が過剰に慣れた状態と言えます。14歳で飲んだ初めての酒は忘れられないほど刺激的だったとしても、何年も過剰摂取を続ければその日最初の一杯を飲んでもたいした刺激はなく、その刺激が去ると不快感を覚えます。あなたの脳は「アルコール不足」に苦しんでいる状態なので、あなたは「正常」の感覚になるためだけに、アルコールを必要とします。

感情にも同じ原理が働いています。良い意味でも悪い意味でも、感情が衝撃を受けると、脳は均衡を回復しようとして、その高揚や低迷を長引かせないようにします。特にポジティブな感情の場合がそうで、その原理は、進化学的に見れば「生き残る」という目的にかなっています。あなたの祖先の原始人は、茂みで果実を見つけたからといって、その喜びに長時間かまけ、脅威を見落とし、トラのおいしい昼食になってしまうわけにはいかなかったのです。

そんなこんなで、いくら成功しても、あなたはけっして満足できません。成功によって自尊心を保っていると、みじめな気分を回避するために延々と勝利を探し続けることになるでしょう。それは単純に、ホメオスタシスの働きによるものです。成功のもたらす高揚感はあっというまに中和され、みじめな感覚だけが残ります。あなたがまた成功を探すと分かっていると、脳は最終的に普段の感覚を「成功不足」ととらえるようになります。そのうちに、あなたは失敗したような気分にならないためだけに、絶えず成功による高揚感を求めるようになります。この現象を社会経済学では「快楽のランニングマシン」と呼びます。走っても走っても、目標にはまったく近づいていません。止まったり減速したりして後ろに吐き出されるのを避けているだけです。

ですから私たちの方程式を見直し、ここまで見てきたことをもっと正確に表す新しい方程式に更新しましょう。

満足 = 欲しいものを手に入れ続けること

あなたの目の前には、つかの間の達成感というニンジンがぶら下がっていますが、実際には、感情という快楽のランニングマシンの上で同じ場所を走り続けているにすぎません。しかも、能力が低下しはじめると、これまで以上に速く走っているにもかかわらず、ニンジンは徐々に遠ざかっていきます。このように、不満という問題が落ち込みの問題を悪化させます。

何年か前に見たアニメーションで、臨終の男性が悲嘆にくれる家族に「くだらないものをもっと買っておけばよかったなあ」と言う場面がありました。成功者は富を増やすために働き続け、本人だけではとても使い切れないうえに相続しても余りあるほどの財産を貯め込む傾向があります。私はある日、裕福な友人にその理由を尋ねてみました。その友達によると、お金持ちになった人はたいてい物質的な観点からしか自分の価値を測れないため、何年経っても「稼いで手に入れる」という快楽のランニングマシンから降りられないのだそうです。走り続ければいつかは、「十分に成功して幸福になったから、そろそろ死んでもいい」と思える日が来るだろう、と思っているのです。

しかし、その作戦はけっしてうまくいきません。

進化の仕組みに紛れ込んだバグ

進化心理学によれば、「もっともっと」と際限なく求める私たちの傾向は、完璧に理解できます。有史以来ほとんどの期間は、大多数の人類が飢餓《きが》に瀕《ひん》していました。「裕福な」原始人は余分な獣皮と矢じりをいくつか――もしかしたら、予備の穀物と干し魚をかご数杯分も――持っていました。この意味での「もっと」は間違いなく生存に有利だったでしょう。厳しい冬を乗り越えやすくなるからです。

ただ、私たちの原始人の祖先は越冬したかっただけではありません。それ以上の野望を抱いていました。パートナーを見つけ、子どもも持ちたかったのです。どうしたらそれが可能でしょうか？　所有物が十分あるだけではだめです。隣の洞穴の住人よりもたくさん持っている必要があります。そうすれば、パートナー市場でより有望な候補者になれるでしょう。

そう考えると、生きている限り私たちが地位と富で社会的比較をせずにいられない理由が見えてきます。成功で得られる満足感について語る際、考慮すべき要素がもう1つあるのです。つまり、成功は完全に相対的なものだということです。結局のところ、社会的階層の基準となるのは、あなたが属するコミュニティーの他人です。ここで言うコミュニティーは、地理的なもの、職業的なもの、バーチャルなものも含みます。私の知り合いには、何億ドルもの資産があるのに失敗者だと感じている人たちがいます。「友達は数十億ドル持っているから」というのがその理由です。他の誰かのほうがもっと有名だという理由で落ち込んでいるハリウッドの有名セレブも1人ではありません。

言うまでもなく、社会的比較は愚かで有害な行為です（この点については最終章でも触れます）。研究もそれを裏づけています。「隣人」と張り合う行為は、不安どころかうつ病の原因になることが明らかになっているのです。[*6] 人間の被験者にパズルを解かせた複数の実験では、いずれも、他の被験者との相対的な出来栄えを最も気にする人たちが、最も不幸を感じていました。[*7] 他人からうらやまれたときにほとばしる小さな優越感は、次の瞬間には、「もっとたくさん持っている人がいる」という不幸感にかき消されます。それなのに、「他人よりたくさんのものを手に入れたい」という私たちの衝動がやむことはありません。

残念ですが、社会的比較はそう簡単にやめられそうもありません。そうなると、方程式も変わってきます。

成功＝他人よりもたくさんのものを持ち続けること

別の表現をするなら、成功しているという満足感を得るには、快楽のランニングマシンで走り続けるだけでなく、同じようにランニングマシンで走っている他人よりも、多少速く走らなければなりません。

しかも、ランニングマシンに乗っているということは、何かを追って無駄にたいそうな運動をしているだけでは済みません。何かに追われてもいるのです。その何かとは、失敗です。よくご存じかもしれませんが、ランニングマシンで走っても、実際には1ミリも前進しません。しかし走るのをやめれば、インターネットで模倣・拡散される痛い爆笑動画さながらに、後ろに吹き飛ばされます。そして、その可能性はどんどん上がっていくように見えます。能力の落ち込みを避けられない以上、走る速度を上げても、徐々に遅れていくことになるからです。

当然、恐怖心が湧き、次の方程式が成立します。

失敗 ＝ 持っているものが減ること

「増やしたい」という衝動以上に強力なのが、「減らしたくない」という抵抗感です。私たちは、利益を得るよりも、損失を避けることにいっそう力を注ぎます。この発見により、プリンストン大学のダニエル・カーネマンがノーベル経済学賞を受賞し、エイモス・トベルスキーとの共同研究による**プロスペクト理論**の功績が認められました。[*8] プロスペクト理論は、「人は理性に基づき、利益と損失を同等に評価する」という仮説を覆します。「人はあるものを得るより、それを失うことにはるかに敏感だ」と断定しているのです。

カーネマンとトベルスキーが「損失回避」と呼ぶ傾向が、私たちには備わっています。株式市場が10％値上がりしたときよりも、10％値下がりしたときに報道機関が大騒ぎするのはそのためです。同じ理由から、私たちは失望をひどく嫌い、研究で明らかになっているとおり、あれこれと手を尽くして失望を避けようとします。[*9] たとえば、私の亡き父は誰もが認める悲観主義者でした。かつてモンタナの田舎を車で長距離移動していたときも、「きっとガス欠になって道端で車中泊する羽目になるぞ」と言いました。ガスメーターを見る限り、ガソリンは半分以上残っています。どうしていつもそういう最悪中の最悪のシナリオを想定するのかと尋ねると、父は言いました。

「想定外にがっかりするより、嬉しい驚きのほうがいいじゃないか」

これもやはり進化論的にはもっともとしか言いようがありません。人類が常に飢餓と隣り合わせだった時代は――産業化前、つまり人類史の大部分は、世界の大部分がそうだったわけですが――利益は確かにいいものですが、損失は死につながる恐れがありました。誰かに洞穴に忍び込まれ、冬ごもり用のバッファローの乾燥肉を盗まれたら、餓死《がし》してしまいます。プロスペクト理論に従えば、時計を盗まれると、他に時計を4つ持っていたとしても恐怖を感じるのも、うなずけます。隠しておいたバッファローの乾燥肉を盗まれたと錯覚しているのです。

産業化とグローバル化と企業活動によって、繁栄が広がり大衆化してもなお、私たちは神経生物学的な本能に衝き動かされています。産業化社会では、つまり今日の世界のほとんどの場所では、厳しい冬は大半の人にとって重大な脅威ではなくなっていますし、年々その度合いも増しています。それにもかかわらず、私たちはまだ、快感を味わったり、成功しているという信号を他者に送ったりするために利益を増やし、恐怖や恥のような不快感を避けるために損失を減らさずにはいられません。

現代生活では、心身を消耗してまで5台の車やら5つの浴室やらを――もっと言えば5枚のシャツさえも――持つ意味はまったくありません。でも、単純に、欲しいのです。[*10] その理由を解き明かすのが神経生物学です。新しいものを購入する、お金を手に入れる、権力が増す、評判が上がる、さらには、性的なパートナーができる、といったことを考えると、神経伝達物質のドーパミン（ほぼすべての依存行動の裏にある快感のもと）が放出されます。[*11] 生き残って遺伝子を残すのに有利な行動を取ると、私たちに報酬を与えるように脳が進化したのです。現代生活においては前世紀の遺物とも言える仕組みですが、何はともあれ、それが現実です。

問題はここからです。本章に出てきた方程式は、ドーパミンの放出を司り、短期的な快楽を生み出します。でも長続きする満足感はもたらしません。人生の後半に差しかかっている場合は特にそうです。若い頃は、比較的所有物が少なく、何かと見栄を張りたい時期でもあるので、世俗的な見返りが増えれば一時的に満足感を得られます。しかし、歳とともに、その満足感は続かないことが分かってきて、虚しさを実感するようになります。その間にも、周りに後れを取るようになり、恐怖心にかられます。だからこそ、心理学者カール・ユングは、「若者にとっては普通の目標が、歳を取ると神経症をもたらしかねない障害になる」と述べたのです。

その実例として私が好んで挙げるのが、10世紀にスペインのコルドバを生きたアミールでもありカリフでもある、アブド・アッラフマーン3世です。アッラフマーンは贅《ぜい》を極めた絶対的統治者でした。70歳頃、自分の人生を次のように評価しています。

………………

私は勝利と平和を守って50年以上君臨し、臣下には愛され、敵には恐れられ、味方には敬われてきた。富と名誉と権力と快楽が、呼べばいつでも訪れる状態だった。私が幸福であるために必要なこの世の恵みは何であれ不足したことがないように思える。[12]

………………

想像を絶する名声、富、快楽。最高でしょう？　でも、続きはこう書かれています。

……

純粋にまぎれもない幸福に恵まれた日々を丹念に数えてみた。計14日だった。

……

方程式を修正する

まとめると、私たちの衝動も、永続する満足感が達成できそうもない理由も、次の３つの方程式で説明できます。

満足 ＝ 欲しいものを手に入れ続けること
成功 ＝ 他人よりもたくさんのものを持ち続けること

失敗＝持っているものが減ること

不満という病から抜け出せなければ、これまで以上の高みを求めて世俗的な見返りを追い続けることになります。しかしいくら追っても満足には至らないため、キャリアの落ち込みが余計につらくなります。なにしろ、満足できるだけのことを達成しようと必死に走っているのに、むしろ後退していくのです。快楽のランニングマシンから少しずつ落ちていっているのです。

もちろん、そんなことは内心では分かっています。しかし分かっていても、問題は解決不能に見えます。その驚くべき証拠と言えるのが、「快楽のランニングマシン」という言葉の生みの親であるフィリップ・ブリックマンです。ブリックマンは著名な心理者で、「宝くじの当選による満足感は持続しない」ことを明らかにした功労者でもありますが、ミシガン大学の自身の執務室から通りの向かい側の建物に身を投げ、自殺しました。[*13] あるいは、起業家トニー・シェイの例もあります。シェイはオンライン小売業の草分け的企業ザッポスの創業者で、『ザッポス伝説』という超ベストセラー本の著者でもあります。しかし、長期間にわたる薬物乱用などの自己破壊的な行動の末、自傷を予告する緊急通報を最低でも1件入れたのちに、2020年、46歳で亡くなりました。[*14]

しかし、絶望するのはまだ早いです。満足は実現できます。古い方程式ではうまくいかないだけです。間違った方程式をすべて捨てて、仏陀やトマスや現代の社会科学者の知恵を取り入れた次の方程式を使うのです。

満足 ＝ 持っているもの ÷ 欲しいもの

満足とは、**持っているもの**を**欲しいもの**で割った値です。前述の方程式との違いが分かりますか？ 前述の進化論や生物学に基づく方程式はいずれも、分子の「持っているもの」しか見ていません。今人生に満足していない人は、ずっと「持っているもの」だけに焦点を当ててきたに違いありません。分母の「欲しいもの」を無視してきたのです。「欲しいもの」を管理せずに「持っているもの」を増やし続ければ、「欲しいもの」は増殖し際限なく広がっていくでしょう。一歩間違えれば、成功の階段を上るほど満足感が減ることになりかねません。「欲しいもの」が常に「持っているもの」を上回ってしまうからです。そうなれば、満足感は下がります。

その実例は、嫌と言うほど見てきました。たとえば、ある女性は、物質的には途方もない成功を収めているのに、富と知名度が増すほど、満足できなくなっています。50歳のときにベンツを買いましたが、30歳でシボレーを買ったときほど満足していません。なぜでしょう？ 今度はフェラーリが欲しくなったからです。本人は、何が起きているのか気づいてさえいません――何かを手に入れるたびにランニングマシンに戻って走り出すことを、延々と繰り返しているだけだというのに。

世の中は、「欲しいもの」をいつの間にか増殖させる手練手管であふれています。ランニングマシンで走っているということは、「持っているもの」を増やすことで、切りのない「欲しいもの」を満たそうとしている状態ですから、他人に金儲けをさせているのだと自覚するべきです。世界で最も悟った人物と言えるダライ・ラマ法王でさえ、こう認めています。「時々スーパーマーケットに行きます。いろんな素晴らしいものであふれていて、見ていてとても楽しいのです。それであれこれ見ていると、欲が湧いてきて、つい飛びつきそうになります。あれも欲しい、これも欲しい、と思ってしまうんです[*15]」

別に世の中が悪いわけではありません。私たちが満足できないのは企業のせいではなく、私たち自身の責任です。高速のランニングマシンで前進しようとし、マーケティングのしかけにひっかかって落ちる、という徒労を繰り返してはいけません。欲を管理することで、ランニングマシンのスイッチを切るのです。スペインのカトリック教会の聖人ホセマリア・エスクリバーの、「最も持っている人とは、最も要求しない人のこと。自ら要求を増やさないようにしましょう[*16]」という言葉どおりです。

1. WHATではなくWHYを問う

欲を管理し、持っているものを削る心構えができたら、まずは具体的に何を削るか考えなくてはいけません。その際生じるのが「私のWHYは何?」という疑問です。ベストセラー作家でスピーカーのサイモン・シネックは、仕事やプライベートで本当の成功を探し求める人々には必ず、「自分のWHY(目的)を見つけるべきだ」と助言しています。*17 つまり、自分の中に眠っている真の可能性と幸福に目を向け、生きる目的を明確な言葉で表し、その目的に貢献しない活動を削るのです。あなたのWHYこそが、翡翠の岩に秘められた彫刻です。

大半の人は、人生のWHAT(していること)に時間を費やしています。キャンバスに描いた筆致しか見えていません。たとえば、私自身も自分を「大学教授」「作家」などととらえがちです。日々のWHATで精いっぱいな人たちもいます。例として、成功している50歳のジャーナリストから受け取った次のメールを読んでみましょう。

親友とよく言うんです。「私たち、50代の今をもっと楽しんでおかないと、後悔するんじゃないの？」。きっと後悔するよね、と言い合って、電話を切ったら狂気の日常に戻ります。狂気の日常を望んでいる人はいないと思います。でも、良い家が欲しい。他にも、良い学校、旅行、自然食品、大学、教会、キッズキャンプ……と言っていたら、今の境遇から抜け出せやしません。

この女性の発言について考えてみましょう。女性は、幸福になりたいなら雑多な願望に惑わされてはいけないということは百も承知なのです。でも、そうすると話があまりにもややこしくなり、平凡な暮らしが崩壊してしまう。だから、自分の望む幸福は他にあると知っているのに、そのために必要な変化を起こそうとしないのです。

そのメールを受け取ったのと同じ日に、この女性とよく似た境遇にいる別の人からもメールをもらいました。50代の女性で、仕事で大成功していたものの、執着心に悩まされていました。しかし、父親の死にざまを見て、目が覚めたのだそうです。

（もはや）モノに囲まれて暮らす必要性は感じていません。特に父が自宅で亡くなってからは。家の中がモノであふれ返っていて、救急隊が父の元にたどり着くのにひどく苦労したんです。とても大きな教訓になりました。

女性の父親は、ガラクタの山に埋もれたまま、救助される前に死んでしまったのです。女性は自問しました。私も巨岩を築くことに人生を費やしてきたせいで、精神的なガラクタに埋もれてしまっているのでは？　そして、WHYを見つけるために、WHATを削ることにしたのです。

このような話は何度となく聞いてきました。喪失や病気を経験することで重要なものがはっきり見えるようになって、人生における不健全な執着に気づくのです。さまざまな研究で示されているように、病気や喪失を乗り越えた人々は**心的外傷後成長**を体験します。実は、がんと診断されてから長期間生き延びている人々は、人口統計学的に類似の特徴を持つ、がん経験のない人々よりも、高い幸福度を申告する傾向があります。[*18] がんの長期生存者に話を聞いてみてください。財産、お金の心配、非生産的な関係性といった、重しとなっていた愚かな執着から解放された、と答えるでしょう。命を失う脅威は、早々に削岩機を手に取り、本当の自分を包み隠している翡翠に当てて、生きる目的を掘り出そうとします。

とはいえ、悲劇的な喪失や命の危機を体験しなくても、このプロセスは開始できます。最近、ルーサー・キタハラというカリフォルニア出身の55歳の起業家に出会いました。ルーサーは世界的有名人ではありませんが、アメリカン・ドリームを体現した人生を送ってきました。移民の両親から、「勉強と仕事に精を出し成功しなさい」と言われて育ち、それを実現したのです。コンピューター科学者になり、7つの会社を立ち上げました。成功のランニングマシンで懸命に走り、外発的な見返りを追求・獲得しては、すぐに満足感を失いまた走り出すことを繰り返してきました。

50歳頃、とうとう苛立ちと虚無感に襲われ、自分の欲を削りはじめました。「それまでの私は、情熱や意義、目的で動く思考回路ではなかったんです」。数年かかりましたが、最終的には前のキャリアを離れ、今では人生の立て直し方（むしろ「解体のし方」というべきでしょうが）を人々に指導しています。家族と過ごす時間も増やし、精神生活にも力を入れています。お金や権力、名声が減ったのは確かです。しかし、生まれて初めて、満足できるようになりました。

増やすのをやめ、削りはじめたことで、晴れて第2の曲線に飛び移れたのです。本人の簡潔な表現を借りれば、「今の生き方が本当に気に入っている」そうです。

あなただって同じセリフを言えます。でもそのためには、削ること、つまり世俗的な欲を管理することを開始しなくてはいけません。それも、今すぐに、です。欲を放置するほど、流動性知能曲線に足を引っ張られ、今の曲線から飛び出しにくくなってしまうことを、肝に銘じましょう。

2. リバースバケットリスト

削減に着手するもう1つの方法は、私たちを満たされない経済人《ホモ・エコノミクス》にしている助言を見直し、真逆のことをすることです。たとえば、自己啓発のカリスマたちが言いがちな助言として、「誕生日にバケットリストの棚卸をしましょう」というものがあります。これは、世俗的な野望を強化しましょう、と言っているも同然です。欲しいものを一覧にすれば、一時的には満足できます。願望を司る神経伝達物質であるドーパミンが刺激され、快感が生じるからです。

しかし一覧を作れば執着が湧き、一覧が増えるほど不満も増えます。前の章でご紹介した私の友人を思い出してください。友人は満足感を求めてバケットリストの項目をつぶし続けましたが、その戦略は実を結びませんでした。仏陀は『法句経《ほっくきょう》』で次のように述べています。「無節操に生きる人の渇望は、つる植物のように伸びていく（中略）この浅ましくしつこい渇望に溺れれば、雨後の草のごとく悲しみが育つ」[*19]。私自身はこの流れに逆らい、本章の考えを現実的かつ効果的に実践するために、「リバースバケットリスト」を作成しています。

毎年誕生日に、自分の世俗的な欲と執着を一覧にします。世俗的な欲と執着とは、トマスが論じた「お金」「権力」「快楽」「名誉」という分類に当てはまるものすべてを指します。正直に書くよう心がけています。ボートやケープコッドの家など、本当に欲しいわけではないものは、書きません。欲しくてたまらないものと向き合います。それはたいてい、他者からの賞讃を意味するものです。お恥ずかしい話ですが、本当のことです。

次に5年後の自分を想像します――幸福で、心は穏やかです。自分の人生をおおかた楽しんでいます。満足して、目的と意義に根差した生活を送っています。妻に言います。「今は、本当に幸福だとしか言いようがないよ」。想像が一段落したら、そんな未来の人生に含まれるどんな要素が、幸福に大きく貢献しているのかを書き出します。それはきっと、信念、家族、友情、そして働くこと自体が満足をもたらすような、有意義な、他者に奉仕できる仕事でしょう。

続いて、バケットリストに戻ります。バケットリストの項目と、先ほど考えた幸福の要素とを比べて、時間、注意、リソースを割くに値するか考えます。幸福の要素に比べたら、バケットリストの項目がいかに無意味か。人間関係を犠牲にして赤の他人の賞讃を選んだらどんな未来が待っているか。その思いを念頭に置いて、バケットリストを見直します。

各項目に対し、次のように言います。「悪いものではないけれど、これを手に入れても私の求めている幸福と平穏は訪れないし、そもそもこれを目指す時間もない。この願望は手放そう」

最後に、本当の幸福をもたらす要素を見返し、それを追求することに時間と愛情とエネルギーをかけようと誓います。

このワークをやるようになってから、私の人生は大きく変わりました。あなたも効果を感じられるかもしれません。

3．「小さく」生きる

ほとんど空白の残っていないキャンバスに筆を足す。この悪しき習慣を打破する3つ目の方法は、身の回りにある小さな物事に目を向けることです。ヴォルテールの1759年の風刺小説『カンディード』は、主人公の純朴な青年カンディードが、彼の家庭教師で筋金入りの最善主義者であるパングロス教授とともに繰り広げる冒険を描いたものです。[*20] 物語では、阿鼻叫喚《あびきょうかん》の展開が次々と待ち受けています。戦争に、強姦に、共食いに、奴隷制度。パングロスが臀部《でんぶ》を半分切断される場面さえあります。最後は、2人で小さな農園に退き、幸福の秘訣は世俗的な栄光ではなく、足るを知ること、つまり「自分たちの畑を耕す」ことだと気づきます。

満足は、より大きなものを追うことから生じるのではなく、より小さなものに注意を払うことから生じます。禅師ティク・ナット・ハンは、著書『マインドフルの奇跡』で次のように説いています。「皿洗いをしているときは、皿洗いだけに集中するべきです。つまり、皿洗いをしている間は、皿洗いをしているという事実を完全に意識しているべきです」[*21]。その理由とは？　皿洗い中に過去や未来のことを考えているなら、「皿洗いをしている間は、生きていない」からです。死んだ過去を追体験しているか、観念の中にしか存在しない「未来に吸い込まれている」か、どちらかです。ですから、マインドフルであることだけが、本当の意味で生きていることなのです。

以前、妻とともに親友たちの家にお邪魔し、庭で飲食していたときのことです。夕闇が迫るなか、親友たちの声掛けで、私たちは小さな閉じた花をつけた植物の周りに集まりました。「花を見ててごらん」、と親友が言いました。私たちはそのとおりにしました――10分ほど、無言のまま。すると突然、花がパッと開き、毎晩こうやって咲くのだと教わりました。驚きと喜びで息をのみました。震えるほど満ち足りたひと時でした。

面白いことに、昔バケットリストに書いた大半のくだらない物事と違い、その満足感は持続性がありました。当時のことを思い出すと、今も喜びに包まれます――私が残したたくさんの世俗的な「成果」を思い出すときよりも、嬉しくなるのです。なぜなら、それは大きな目標が成就した記憶ではなく、思いがけない小さな幸運に感動した記憶だからです。

まるで特別な理由も目的もないのに贈り物をもらったかのような、小さな奇跡だったからです。

先を見据える

本章では、「バケットリストを作れば不満以外は何でも手に入る」という考えを一刀両断にしました。でも、従来のバケットリストの利点も1つ言わせてください。従来のバケットリストを作れば、時間の有限性、ひいては時間の上手な使い方に目が向きます。バケットリストの狙いは、やり残しがあることを確認し、「まだ死ぬわけにはいかない！　熱気球に乗ったことがないんだから！」と言うことにあるのです（熱気球の例は創作ではありません。「熱気球に乗る」は、２０１７年の調査で、バケットリストの平均第6位でした[*22]）。

生きている以上、死ぬのはあまりにも正常で当然のことです。それなのに私たちは、死が異常で突拍子もないことであるかのようにふるまうのが驚くほど上手です。私の教え子たちは大学院生なので、20代後半であることが多いのですが、死ぬまでに感謝祭を迎えるのはあと50〜60回、親に会えるのはあと20〜30回だと私から聞かされると、大きなショックを受けるようです。若者だけではありません。アメリカ人が押しなべて、「老齢期」は平均寿命の6年後から始まると考えていることを思い出してください。私たちは寿命や残された時間の現実から目をそらし、自らをだまして、いくらでも時間があると思い込んでいるのです。これでは、今すぐ人生を変えなくてはいけない、たとえば、第2の曲線に飛び乗らないといけない、という切迫感は湧いてきません。

ですから、私たちが次に挑むべきことは、終わりに向けて計画することです。それは、課題であると同時に、チャンスでもあるのです。

第５章

Ponder Your Death

死の現実を見つめる

必ずある終わりを受け入れる

数年前、私とほぼ同い年の、ＣＥＯの旧友と昼食を取っていたときのことです。私は本書の研究内容について、洗いざらい話しました。君の流動性知能曲線は必ず落ち込むし、多くの成功者にとって、その落ち込みを乗り超えるのはとても難しいことなんだ、と。

「僕は大丈夫さ」と旧友が言いました。

「どうして？」

「落ち込まないから。常に前よりがんばればいいだけでしょ。がんばれなくなるまで」

要するに、限界までがんばってコロッと死ぬ、というのです。第２の曲線の出番はありません。乗り換える必要がないからです。

このやり方で流動性知能の落ち込みに対処することを、私は「光が消えかけても抵抗する作戦」と呼んでいます。これはもともと、ディラン・トマスが１９５１年に発表した有名な詩「あの心地よい眠りにおとなしく入ることなかれ」に出てくる表現です。臨終の父に向けて作ったその詩の中で、トマスは「光が消えかけても最後まで抵抗してくれ」という有名な一節で、文字どおり死について詠いました。実際、人々はいつも死に抵抗してきたのです。

あなたの言いたいことは分かります。「私は死を恐れていない」と言いたいのでしょう。それについて私には何とも言えません。心理学者なら、そんなのは自己暗示にすぎないと言う人が多いでしょうが。

いずれにしろ、ポイントはそこではありません。あなたは、「仕事は私の命だ」と考えたことがありますか？　あるなら、あなたが落ち込みに抱く恐怖心は、死に抱く恐怖心と根本的には同一です。仕事が生きがいで、働くことが生きることとイコールなら、または、そこまでではなくても、仕事がアイデンティティーの源になっているなら、自分が確かに生きていることを証明するには、仕事の能力や業績を示さなくてはいけません。それが落ち込むということは、死の途上にあることと同じです。

そもそも、ストライバーのあなたが流動性知能とキャリアの頂点にたどり着けたのは、強い意志でがむしゃらに働き続けてきたおかげです。がんばって「抵抗する」という対処法が、最もなじみ深いのです。しかし、抵抗しても寿命には逆らえないように、キャリアの落ち込みにも逆らえません。流動性知能で可能になる能力は、上昇したら、下降します。どんな仕事でもそうです。その時期が早い人もいれば、遅い人もいるように、職業による差はかなりあります。でも、肉体労働ではないという理由だけで、キャリアの落ち込みを無限に引き延ばせると考えるのは大間違いです。「頭脳労働」だって一般的に、認知症やボケが始まる何十年も前から流動性知能が落ち込みはじめることは、これまで見てきたとおりです。

キャリアの落ち込み、つまり一種の死という現実と向き合って初めて、第2の曲線へと進めます。向き合わなければ、私の旧友のように避けられない現実と戦おうとするか、現実を回避できる方法がどこかにあるんじゃないかと夢見ることになるでしょう。現実と向き合うとは、死の恐怖に——文字どおりの意味でも、職業的な死という意味でも——打ち克つということです。死を恐れているうちは、流動性知能曲線に拘束されます。死の恐怖を克服できたら、計り知れないほどの見返りが得られます。拘束から解き放たれます。

しかしそのためには、現実と正面から向き合うしかないのです。

死の恐怖を理解する

「死を思うこと、死に対する恐怖心は、何よりもしつこく人類を悩ませる」とは、人類学者アーネスト・ベッカーの著書『死の拒絶』の一節です。[*1] 大多数の人がある程度死を恐れていますし、ほとんどの調査では20％の人が死に強い恐怖を感じています。[*2] なかには、「死恐怖症」という精神状態に達するほど極度に死を恐れている人もいます。

恐怖の程度はいろいろですが、死の恐怖には8つの次元があります。「滅びる恐怖」、「死の過程に対する恐怖」、「死者に対する恐怖」、「大事な人が死ぬ恐怖」、「未知に対する恐怖」、「死を意識する恐怖」、「死後の体に対する恐怖」、「早死にする恐怖」です。[*3]

うち1つ目は、人間特有の恐怖です。いわば、存在しないことの恐怖、完全に消えることの恐怖、忘れられる恐怖です。私の飼い犬は脅威にさらされれば恐怖を感じるかもしれませんが、私の知る限り、「存在しない」という概念は理解していません。そもそも自分が「存在」していることを知りませんからね。そう考えると、「存在しなくなる」恐怖は、生物学ではなく哲学の範疇《はんちゅう》にあると言えます。死は不可避ですが、私たちは自分の存在しない状態を想像できないため、死は起こりえないものにも思えます。ここに、解決不能な耐えがたい認知的不協和が生じます。ケンブリッジ大学の哲学者スティーヴン・ケイヴはこれを「死のパラドックス」と呼んでいます。[*4]

落ち込みの恐怖は、まさにこの「存在しなくなる」恐怖を意味します。他者にとって私の存在が成果や地位によって決まっているなら、落ち込みによって私はきれいに消えてなくなります。ですから誰であれ、その人にとっての「存在しなくなる危機への対処法」と「キャリアの落ち込みへの対処法」が同じになるのは、当然でしょう。

死とキャリアの落ち込みをひどく恐れていたと言われるウォルト・ディズニーは、その典型例です。1909年のある日、7歳のディズニーは、ミズーリ州にある農場内の自宅の裏庭で一人で遊んでいました。そして背中を向けている大きな茶色いフクロウを見つけました。わんぱく少年の例にもれず（私の息子たちも、7歳のときなら同じ行動に出たはずです）、後先も考えずに、フクロウを捕まえようと忍び寄りました。しかし捕まえたとたん、パニックになったフクロウが叫び声をあげながら爪でひっかいてきました。予想外の事態に今度はディズニーがパニックになり、フクロウを地面に投げつけ、踏みつけて死なせてしまったそうです。

古代では、フクロウは縁起が悪いと考えられていました。西暦77年には、「フクロウが現れるときは、必ず災いを予言している」と大プリニウスが述べています。確かにそのとおりでした。フクロウはディズニーの夢に現れて長年ディズニーを悩ませました。そして、死に対する病的な恐怖をディズニーに抱かせたばかりか、ディズニーの多くのヒット作にも影響を与えたのです。

ディズニーが若手アニメーターとして初の大ヒットを達成したのは、ミッキーマウスを主人公としたアニメーション作品『蒸気船ウィリー』を発表した26歳のときのことです。映像だけでなく音声を同期させたこの映画は、サイレント映画終焉の強力なきっかけとなり、ディズニーの娯楽の先駆者としての未来を確かにしました。しかし、それからまもなく発表された次作の短編映画『骸骨の踊り』では、枝にとまっているフクロウが震え上がる冒頭に続き、骸骨が墓からよみがえります。ディズニーの配給先は、ディズニーの弟ロイに「お兄さんはいったい何がしたいんです？　うちをつぶす気ですか？」と聞いたそうです。「お兄さんに、こんな気味の悪い駄作、配給会社は求めてないって言ってやってください（中略）。もっとネズミを出してください、ネズミを」[*5]

これは、これから起きることのほんの一例にすぎませんでした。ある学者は次のように論じています。

「ディズニーがアメリカ人の生き方の代弁者だったなら、ディズニーが声を上げずにいられなかった原因はもっぱら、奇妙なほど死を気にかけていたからだ」[*6]

『白雪姫』から『ピノキオ』まで、ディズニー映画の代表作は、ほぼ例外なく、「死」というテーマを意識して作られています。

ディズニーの私生活も落ち込みと死にとらわれていました。娘のダイアンによると、ディズニーは死を気にかけるあまり、30代前半に占い師を雇い、自分の死期を予言させたそうです。予言では、35歳で亡くなるとのことでした。どう考えても、それ以上悪い返事はありえません。仕事依存症と成功依存症だったディズニーは、仕事に全力投球することで気を紛らわせました。多忙が続けば、自分の気だけでなく、死神の気もそらせるかもしれません。こうして35歳は生き延びましたが、占い師の予言を忘れることはありませんでした。55歳の誕生日が迫ると、35歳というのは聞き間違いで、本当は55歳と言われたのだ、という結論に至ったそうです。

本当に永遠に粘り続けたいですか？

私の父は、「人生うまくいってる？」と聞かれると決まって、「死ぬよりはましだね！」と朗らかに答えたものです。働くために生きている人は、「仕事うまくいってる？」と聞かれたときに、同じ答えを返すかもしれません。

しかしよく考えてみると、「死ぬよりは生きているほうがまし」とは、必ずしも言えません。この点を見事に描いているのが、ジョナサン・スウィフトによる１７２６年の小説『ガリバー旅行記』です。主人公は、ラグナグ国で、偶然生まれることがある「ストラルドブラグ」という希少人種の存在を知ります。見た目は他の人種と変わらないのに、不死だといいます。なんとうらやましい！　とガリバーが思ったのは最初だけでした。実は、ストラルドブラグは死にはしないものの老化はするし、典型的な老化症状に悩まされるというのです。唯一の違いは、その症状により死に至ることはない、という点だけ。視力も聴力も失い、痴ほうになっても、けっして死にません。80歳になると、政府により法的に死者とされ、財産も仕事もはく奪されます。何も生産せず施しを受け、ひどくふさぎ込んだまま、事実上世を忍んで、永遠に生きていくのです。[*7]

この創作は身体的な死について描いているわけですが、職業的な落ち込みを体験している多くの人の実情を、かなり正確に描き出しています。あなたは、「全盛期を過ぎた」という事実を受け入れようとしない人々、つまり「粘れるだけ粘る」と決めている人々に、出会ったことがありますか？　その人たちは自ら挫折の道を選び、変化し成長する機会を逃しているのです。せいぜい、解雇の屈辱を免れて、「職場のストラルドブラグ」になるのが落ちです。無能なために、周りから憐れみと軽蔑の入り交じった妙な扱いを受けるのです。

ここまで話を聞いたあなたは、こう言うかもしれません。なるほど、いつまでも粘り続けるのはあまり得策ではないな。それなら、ものすごいレガシー（名声、功績）を残せばどうだろう？　少なくとも、世間から忘れられることはないのでは？　これはホメロス作『イリアス』に見られる「アキレス効果」です。アキレスは、トロイア戦争で戦うかどうかの決断を迫られます。戦えば死は確実ですが、輝かしいレガシーを残せます。戦わなければ故郷に戻り幸せに長寿をまっとうできますが、無名のうちに死ぬことになります。アキレスは自分の決定を次のように説明しています。

…………死す日へと向かって、2つの運命が私にのしかかっている。
この地で交戦し、トロイを包囲すれば

帰郷の夢は散るが、私の栄光はけっして滅びない。
愛する祖国に戻れば、
私のプライド、私の栄光は滅びる。[*8]

アキレスは前者を選び、死んでも能力が落ち込んでも奪われることのない、神話的な不朽の名声を選んだのです。

『イリアス』のアキレスはホメロスの作った架空の人物ですが、現実世界でも同じ考え方をする人がたくさんいます。忘れられる苦しみを避ける典型的な戦略として、仕事でレガシーを残そうとするのです。本書の取材でも、キャリアの末期にいる多くの人が、人々にどのように記憶されたいかを語りました。

しかし、その戦略は効果がありません。世間はあなたを忘れます。人々は立ち止まりません。ジャック・ニコルソン主演の人気映画『アバウト・シュミット』では、保険数理士として成功した主人公が仕事を引退したところ、誰からも助言を求められなくなって呆然とします。引退の数日後、仕事を手伝ってやろうと思い元職場に立ち寄ると、同僚たちが自分の過去の仕事を一つ残らず業務用廃棄ボックスに捨てていたのです。あまりにも憐れな、しかし真実を映し出した場面です。本書の執筆中に、ある引退したCEOが言っていました。「私はたった半年の間に、著名人から無名人になってしまったんです」

「後世に名を残すための努力は必ず徒労に終わるため、追求するに値しない」と思い出させてくれるのが、ストア哲学者でローマ皇帝のマルクス・アウレリウスの言葉です。「ゆえに記憶せよ、君という一小化合物は分散してしまうか、あるいは君の息が消滅してしまうか、それとも場所を変えてよそにおかれるか、このいずれかが君の運命であることを[*9]」マルクスの言葉は2千年近くも残っているのですから、マルクス自身はこのルールの例外である点は、特筆に値します。それでも、マルクスの指摘はもっともです。あなたも私も、マルクス・アウレリウスではないのですから。それに、マルクスだって、いつかは消えることでしょう。

だいたい、人々があなたのレガシーをあがめ続けたとしても、それがそんなに素晴らしいことだと、本当に思いますか？　飛行機で出会った英雄を思い出してください。英雄が現在の地位にあれほど失望していた原因は、短期間だけ楽しんだ過去の名声や栄光との落差にあったのです。

しかも、未来のことばかり気にしていると今を生きられません。ある知人は、生前、仕事の評判を極度に気にしていました。死期が近いと分かっていた最後の数カ月は、業績によって人々の記憶に残る方法を探してばかりいました。あなたが自分の仕事を本当に愛しているなら、働いているうちは働くことを楽しんだほうがよいでしょう。自分のレガシーを作るために試行錯誤してばかりいるなら、あなたはすでに死にかけているのです。

レガシーについての正しい考え方

今すぐ生き方を改善できるレガシーの残し方が一つあります。デイヴィッド・ブルックス（友達ですが、血縁関係ではありません）は著書『あなたの人生の意味』で、美徳には「履歴書向きの美徳」と「追悼文向きの美徳」があると書いています。*10 履歴書向きの美徳は、職業的な美徳で、世俗的成功につながります。他人との比較なしには、成立しません。追悼文向きの美徳は道徳的、精神的な美徳で、比較を必要としません。平たく言えば、自分の葬式で、どんな人間だったと言われたいか、ということです。たとえば、「たくさんのマイルをためていました」ではなく、「優しく、深い精神性を備えていました」と言われることを指します。

ストライバーとして生きていると、追悼文向きの美徳に焦点を合わせるのは困難です。もちろん、誰だって良い人間になりたいのですが、追悼文向きの美徳を追うことは、はっきり言って、**特別**なこととは思えないのです。これまでずっと、誰にも真似できない成果を上げることに職業人生をかけてきたのに、これからは誰でもできること、たとえば人に優しくすることに精を出せと言うのでしょうか？

しかし、考えてもみてください。本書の読者ならご存じか恐れているとおり、履歴書に書けるスキルの優位性は失われます。一方、追悼文向きの美徳は結晶性知能曲線を追いかけて上昇し、ついには追い越すこともあります。追悼文向きの美徳を正しく伸ばせば、人生経験と人間関係が豊富な年配者は、若者より優位に立てるのです。

それに、追悼文向きの美徳を維持し養うこと自体に、大きな意味があります。追悼文や、引退後の職場で自分がどう語られているかは、実際に聞けるものではありませんが、あなた個人にとって最も価値ある美徳を追求すれば、最大限に充実した人生を送れるでしょう。友人や家族に寛大に接することで得られる報いに比べ、昇進などの職業上の見返りがいかに一時的なものか、考えてください。あなたに、より大きな満足をもたらすものは何ですか？　1時間の残業？　1時間の人助け？　それとも1時間の祈りでしょうか？

厄介なのは、たとえ追悼文向きの美徳を養おうと決心しても、過去の習慣とつまらない日課に追われて、いつまで経ってもそこまで手が回らないことです。のっぴきならない仕事の最後の1時間のせいで、友人の話を聞く最初の1時間にたどり着きません。

この問題について、解決の糸口を提供してくれる賢人が何人かいます。レフ・トルストイ曰く、「死の何が最悪かと言えば、人が死んだら、その人にしてしまった悪行を取り消すことも、その人にしてあげなかった善行をすることも、不可能になることだ。『いつ死んでもいいように生きなさい』と人々は言うが、私ならこう言う。『誰が死んでも後悔しないように生きなさい』」。[*11]

要するに、「あと1年しか生きられない、働けない」と思って生きればいいのです。毎月、最終日曜日の午後に、今から挙げる疑問について考えてください。キャリアも人生もあと1年しか残っていないとしたら、来月の予定に何を入れるだろう？　ＴｏＤｏリストには何を載せるだろう？　どの悩みを手放すだろう？　きっと「配偶者との時間を犠牲にしてまた出張に行く」「上司にアピールするため遅くまで残業する」という予定は入ってこないでしょう。その代わりに、「週末に小旅行をする」「友達に電話をする」といった予定が盛り込まれるのではないでしょうか。

この訓練は、**マインドフルネス**の体得に役立ちます。マインドフルネス、つまり過去や未来ではなく、現在を生きれば、誰もがもっと幸せになれると示す研究は枚挙にいとまがありません。しかし、この訓練のメリットはそれだけではありません。究極の決断をすることで、自分のあるべき姿がはっきりするのです。

落ち込みに真っ向から向き合う

ただ、追悼文について検討するのは序の口にすぎません。本番はここからです。死と落ち込みを直視しないといけません。そうしないことには、本当の意味で恐怖心を払拭することはできないのです。

「落ち込みを直視しよう」という助言は斬新でも何でもありません。病的な蛇恐怖症の人がセラピーを受けに行ったら、治療に使うのはおそらく……蛇です。疑似体験療法は、恐怖や恐怖症と戦う最善の手法としてしっかり確立しています。[*12] その根拠となっているのが、心理学用語の「脱感作《だつかんさ》」です。要するに、嫌なもの、恐ろしいものに繰り返し接すると、それが普通で平凡なものに思えてきて、まったく恐ろしくなくなるのです。

蛇に効果があるなら、死と落ち込みにも効果があるはずです。2017年、アメリカの複数の大学が行った共同研究では、志願者を募り、末期患者か死刑囚になったつもりで心境をつづる架空のブログ記事を書いてもらいました。その後、実際に死期の近い人や死刑囚が書いた同様の記事と比較しました。『Psychological Science（サイコロジカル・サイエンス）』誌に発表されたその結果は、歴然でした。一時的に死を想像して書かれた記事は、実際に死に際して書かれた記事よりも、3倍ネガティブだったのです。この結果を見る限り、直感的には理解しがたいことですが、死は具体的な現実であるときよりも、抽象的な遠い出来事であるときのほうが、怖くなると考えられます。[*13]

この研究自体は最近行われたものですが、その概念は昔から存在します。16世紀のフランスの随筆家ミシェル・ド・モンテーニュは次の言葉を残しています。「私たちより圧倒的に優位にある死から、その優位性を奪うには、死を見聞きすること、死に親しみ、慣れることから始めましょう。他の何よりも、死のことが頻繁に頭に浮かぶようにするのです[*14]」

しかし、死を疑似体験する効果は、恐怖心の克服にとどまりません。死について考えることで、人生が有意義になることさえあります。E・M・フォースターの指摘するとおり、「死は人を滅ぼすが、死の観念は人を救う」のです。[*15]なぜでしょう? 簡単に言えば、不足しているものは、何でも尊く感じられるからです。人生が有限であることを思い出せば、目の前の人生をいっそう楽しめます。

現代社会で成功するのは、恐怖を抑え込むことに最も長けている人たち、つまりあらゆる困難に立ち向かい、弱みを認めず、どんな敵からも逃げない人たちです。その人たちが、得てして落ち込みをひどく恐れていることは、皮肉としか言いようがありません。でも、その皮肉の中にこそ、恐怖に永久に打ち克ち、ひいては、自分が演じてきた人間に本当になるための、大いなるチャンスが潜んでいます。

タイとスリランカの上座部仏教の僧院を訪れると、多くの僧院でさまざまな腐敗状態の死骸の写真が飾られていることに気づくでしょう。一見、気味が悪いし戸惑います。しかし本書を読んできた私たちなら分かるように、それは心理学的に理にかなった、疑似体験療法です。「私のこの体も、この死骸と同じ性質のもので、この死骸と同じ未来を迎えるし、その運命は避けられない」と心で唱えるように、僧たちは教えられているのです。

これはマラナサティ（死随念《しずいねん》）という瞑想《めいそう》で、実践者は自分の死体が次の9段階に変化していく様子を想像します。

1. 死屍が青黒くなり、膨張し、朽ちはじめる
2. 腐食動物とウジ虫にむしばまれる
3. 骨格が肉と腱で保たれている
4. 肉が失われ、骨格が腱のみで保たれ、血にまみれている
5. 骨格が腱のみで保たれている
6. 腱が失われ、骨がばらばらになる
7. 色が抜け白骨になる
8. 骨が堆積して1年以上経過する
9. 骨が塵と化す

死に抵抗するのが無駄なように、落ち込みに抵抗しても無駄です。そして無駄な抵抗は不幸と不満の元です。落ち込みに抵抗すれば、不幸になるし、人生のさまざまな機会を見落としてしまいます。真実を避けてはいけません。真実を直視し、真実について熟考、検

討、瞑想するべきです。私はマラナサティをアレンジして実践し、次の各状態を一心に思い描くようにしています。
1. 能力の落ち込みを感じる
2. 私に以前のようなキレがないことに、身近な人が気づきはじめる
3. 私に向けられていた社会的・職業的注目が、他者に移る
4. 仕事量を減らし、以前は簡単にこなしていた日常活動から手を引かざるを得なくなる
5. 働けなくなる
6. 人と会っても、多くの人が私のことを知らない。または、私の残した功績を知らない
7. まだ生きているが、職業的には何者でもない
8. 思考やアイデアを周囲の人に伝える能力を失う
9. 死ぬ。私がさまざまな功績を残したことはきれいさっぱり忘れ去られる

禅宗に伝わる有名な話があります。侍の騎馬隊が地方を駆け巡り、破壊と恐怖の渦に巻き込みました。騎馬隊が僧院に接近すると、僧たちは恐れをなして逃げ出しましたが、死の恐怖に完全に打ち克っていた僧院長だけは僧院にとどまりました。侍たちが僧院に入ると、僧院長が平常心そのもので蓮華座《れんげざ》を組んでいました。騎馬隊の隊長が刀を抜きながら

怒声を上げました。

「我を見て、平然とお主を突き刺せる人間だと分からぬのか？」

僧院長は応じました。

「我を見て、平然と突き刺されることができる人間だと分からぬのか？」

死の恐怖を本当に克服した者なら、年齢や境遇によって威信が脅かされたとき、こう言えるのです。

「私を見て、平然と忘れ去られることができる人間だと分からないのか？」

死と落ち込みの大きな違い

「一人で死ぬことほど不運なことはない」と、コロンビアの小説家ガブリエル・ガルシア＝マルケスは書きました。[*16] マルケスの言葉が意味しているのはもちろん、誰にも看取《みと》られずに死ぬことで、それは確かに悲劇に思えます。でも、そもそも、死の道を進むときは、誰もが一人なのです。よく財産に関して「あの世には持っていけない」という言い方がされますが、私たちの知る限り、友達だって家族だって、あの世には持っていけません。死が怖い理由の一つは、そこにあります。

しかし、落ち込みを死になぞらえて論じるのはこれで終わりです。落ち込みは、一人で体験しなくてもよいのです。というか、一人で体験するべきではありません。問題は、多くの人が一人で落ち込んでいくことにあります。上り坂のときに人間関係を枯らしてしまうので、下り坂に入ったときに支えてくれる人がいないのです。そのせいで、人生後半の変化が何もかも、いっそう困難で危機的に思えてしまいます。

とはいえ、この問題は解決できます。次章で取り組んでいきましょう。

第6章

Cultivate
Your Aspen Grove

ポプラの森を育てる

損得勘定なしの人間関係をはぐくむ

…………

どう考えても、木ほど美しい詩はない
ジョイス・キルマー、1913年[*1]

2018年、コロラドのさわやかなある夏の日、私は本書の構想を練りはじめていました。座っている私の頭上には、ポプラの木がそびえ、6月のそよ風に揺られて木漏れ日をちらつかせていました。

木は真の成功者の比喩にぴったりに思えました。強く、へこたれず、頼もしく、揺るがない。ソロモンの詩編では、公正さを達成した人のことを、「その人は流れのほとりに植えられた木。時が巡り来れば実を結び、葉もしおれることがない。その人のすることはすべて、繁栄をもたらす」と描写しています。[*2]

強く、生産的。たくましいほどに、孤立している。巨大な森を構成する1本だろうと、大草原にぽつんと生えている1本だろうと、木は一人で黙々と育ち、己の頂点に達したら、最後は一人で死んでいく。そうは思いませんか?

しかし、実は違います。ポプラの木は孤高の人ではありません。たまたま同日中に、私よりずっと木に詳しい友達から聞いたのですが、ポプラの個々の木は、巨大な1つの根を共有しているのだとか。それどころか、ポプラは世界最大の生命体だといいます。ユタ州にある「パンド」と呼ばれるポプラの単一群生は、広さ約40万平方メートル、重さ約6千トンもの規模を誇ります。

私が見ていた「孤高」のポプラは、孤高ではなかったのです。巨大な根系から伸びた1本の枝木にすぎず、同じ植物から成る森の1つの生命の表れにすぎませんでした。

そうと知って、1つの疑問が湧いてきました。ポプラは特殊な例なのでしょうか？ その夏、さらに時間を下った頃、私はカリフォルニア州北部の赤杉の森林にいました。「セコイアデンドロン」と呼ばれるその巨木種は、1本の木としては地上最大の種です。ポプラのように、1つの根系に属しているわけではありません。それなら、セコイアデンドロンのほうが、たくましい個人の比喩に適しているのでは？

答えはやはりノーです。セコイアデンドロンは高さ84メートルに達することもあるにもかかわらず、根は驚くほど浅く、1・5～1・6メートルほどの深さしかないのが普通です。それで何百年、何千年も直立を保てるとは、物理の法則に反している気すらするでしょう。しかし、それはもう1つの事実を知らないからです。セコイアデンドロンは密に群生することで、浅い根を絡ませ合い、次第に結合します。初めは別々の木ですが、成熟し成長するにつれて一体化するのです。

ポプラと赤杉は、「自己は幻想である」という仏教思想をほぼ完璧に体現しています。仏教の世界では、私たちはみな絡み合っていて、「個々の」生命はより大きな生命の表れにすぎない、と考えられています。そのことを軽視すると、幻想のなかで生きることになり、多くの苦しみを味わうことになるそうです。仏教僧であり作家でもあるマチウ・リカールは次のように表現しています。

「『自己』は独立した存在であるという理解に固執すると、脆弱《ぜいじゃく》感や不安感が増すことになります。さらに、自己中心的になる、あれこれ思い悩む、希望と恐怖が入り乱れるといった特徴が目立つようになり、他者を遠ざけてしまいます。人生で何かが起きるたびに、このような幻想の自己は打撃を受けます[*3]」

この指摘の要点は、個人の宗教観に関係なく、有用で、教訓に富んでいます。人間は生来、生物学的、情動的、心理学的、知的、精神的に、つながり合っているのです。孤立した自己を創造するのは、自然に反することですから、危険で有害です。ポプラを1本の木ととらえることがその本質を誤解しているのと同じように、人を孤立した存在とみなすことは、その人がどんなに強く、どんなに高い業績を上げ、どんなに成功していようと、私たちの本質を誤解していることになるのです。

私たちは単独の存在のようでいて、実際には、家族、友達、地域社会、国、そして世界全体と、1つの大きな根系を形成しています。私の、そしてあなたの人生で起きる避けられない変化は、後悔すべき悲劇ではありません。相互につながっている人類の一員、つまり根系から伸びた1本の枝木に起きた変化にすぎません。私の落ち込みを乗り切る、いえ、楽しむ秘訣は、私と他者をつなぐ根をもっと意識することです。私が他者と愛情でつながれていれば、私にとってのマイナスは他者にとってのプラスによって、十二分に相殺されるでしょう。そして、その他者とは、本当の自分を別の角度からとらえたものなのです。

さらに、他者とつながっていれば、私はいっそう自然に、普通のこととして、第2の曲線へ飛び乗れます。実は、結晶性知能曲線に移行できるかどうかはつながりの有無が大きく影響します。つながりがなければ、私の知恵は伝えようがないからです。

そうは言っても、根系を構築するのは必ずしも簡単ではありません。多くのストライバーが、「一人で生きている」という幻想のもとに成人期を過ごし、今になってその結果に苦しんでいます。根系は枯れ、健全に機能していません。比喩抜きで言えば、単純に、**孤独**なのです。本章では、適切な根系を構築（または再構築）する方法に焦点を当てます。最初に、愛と幸福の関係性、特に人生の後半における関係性を、研究結果を通じて確認していきます。続いて、多くの成功者が感じている孤独に目を転じ、孤独に立ち向かう方法を考えます。

Omnia vincit amor

1938年、ハーバード大学医学大学院の研究者たちが、奇想天外ながらも先見性のあるアイデアを思いつきました――ハーバード大学の男子学生たちの一団を被験者とし、成人期を通して、つまり死ぬまで、学生たちの経過を追跡しよう。学生たちには毎年、ライフスタイル、習慣、人間関係、仕事、幸福度について質問する。数十年後には研究開始当初の研究者は全員亡くなっているだろうが、後任の研究者たちが、人生初期の過ごし方と、老後の質との関係性を確認できるはずだ。[*4]

こうして、「ハーバード成人発達研究」が誕生しました。当初のコホート（訳注：同一の因子を持つ調査対象集団）である268人の男性には、ジョン・F・ケネディや『ワシントン・ポスト』紙の編集長ベン・ブラッドリーといった将来の名士たちをはじめ、さまざまな職業および地位の人々が含まれていました。それでも、年月が経つにつれ、「コホートが人口統計学的に著しく偏っているため（なにしろ、全員がハーバードの学生なのです）、一般化できる結果は導けない」との結論に達し、おおよそ同時期に開始された、ボストンの貧困家庭の若者456人を追跡調査したデータセット（通称「グリュック・スタディ」）と組み合わされました（訳注：これに対し、ハーバード大学の学生を対象としたデータセットは「グラント・スタディ」と呼ばれる）。この2つのデータはともに80年以上更新され続けていています。当初の参加者のうち健在なのは60人弱となり、今では第1世代の子どもや孫たちが追跡調査されています。

この調査結果は、まるで幸福を見通す水晶玉です。その人たちの20代と30代の生き方、愛し方、働き方を見た後に、残りの人生がどう展開したかを確認できるのです。この調査の所長を長年務めたハーバード大学の精神医学の教授ジョージ・ヴァイラントは、調査結果について3冊の著書を出しており、いずれもベストセラーとなりました。さらに、ヴァイラントの後継者である精神医学の教授ロバート・ウォールディンガーがTEDに出演したことで、この調査はいっそう知れ渡りました。このときのスピーチ動画「人生を幸せにするのは何？　最も長期にわたる幸福の研究から」は、4000万回近く再生されています。

数十年に及ぶ調査のなかで特に興味深い試みは、高齢になった参加者たちを幸福と健康の観点から分類したことです。最も好調な人は「幸福で健康」と呼ばれるグループの人で、身体的健康の6つの要素を満たし、精神的健康も良好で、人生に高い満足感を抱いていました。この対極にあるのが「不幸で病気」グループで、身体的健康、精神的健康、人生の満足度のいずれも平均を下回っていました。[*5]

それぞれの分類に至る要因はなんでしょう？　これは誰もが知りたい重要なことですよね？　その研究結果によれば、老後の質を予測する因子には、コントロール可能なものと、そうでないものがあります。コントロール不可能な因子（自分ではコントロール不可能という意味ですが）には、たとえば、親の社会階級、幸福な幼少期、長寿の家系、うつ病にならないこと、などがあります。ここまでの情報は、特に意外でも有用でもありません。

それより、私たちが影響を及ぼせる因子で、かつ晩年の健康に非常に重要な因子を知ることのほうが、はるかに有用です。「幸福で健康」の予測因子には、私たちがかなり直接的にコントロールできる重大な因子が7つあります。[*6]

1. 喫煙。単純な話です。喫煙はしないか、せめて早めにやめましょう。
2. 飲酒。グラント・スタディでは、アルコールの乱用は、明らかに「不幸で病気」に通じ、「幸福で健康」を遠ざける代表的な因子です。あなた自身に不健全な飲酒の兆候が少しでもあるか、家系的にアルコール乱用のリスクがあるなら、その事態を甘く見たり、わざわざ危険な真似を犯したりしないことです。今すぐ禁酒してください。
3. 健康的な体重。肥満を避けましょう。正常範囲の体重を維持し、バランスの取れた健康的な食事を取り、リバウンドするようなダイエット、長続きしない無茶な食事制限はやらないでください。
4. 運動。座り仕事だとしても、習慣的に体を動かしましょう。これを実践する唯一にして最良の、そして実績のある方法は、毎日の散歩だと言えます(詳しくは後述します)。
5. 適応的対処。つまり、問題に真っ向から立ち向かい、問題を正直に評価し、問題にじかに対処します。過剰に思いつめたり、不健全な情動反応をしたり、回避的な行動を取ったりしないことです。

6．教育。教育を受けたほうが、後の頭の働きが活発になります。言い換えれば、より長く、より幸福に生きられます。ここで言う教育とは、ハーバード大学に行くことではありません。生涯を通して、目的意識を持って学ぶこと、読書をたくさんすることです。

7．安定した長期的な人間関係。これは夫婦関係である場合が多いですが、この定義に当てはまる関係は他にもあります。肝心なのは、人生に何が起きようと、ともに成長していける相手、信頼できる相手がいるかどうかです。

目標が7つというのは多すぎるとは言えませんが、その中でも「最重要の目標」を知っておくと便利です。焦点を絞れば、目標にかなり集中しやすくなります。最も重要な因子は、喫煙か、飲酒か、はたまた運動でしょうか？

いいえ。ジョージ・ヴァイラントによると、「幸福で健康」な高齢者に欠かせない最重要の特性は、良好な人間関係です。ヴァイラントは「要するに、幸福とは愛である」と述べています。[*7] もう少し詳しい発言もしています。「幸福には2つの柱がある（中略）1つは愛。もう1つは愛を妨げることなく人生に折り合いをつける方法を見つけること」。[*8] さらに、ウェルギリウスの次の言葉も引用しています――「Omnia vincit amor（愛はすべてに勝る）」

ヴァイラントの後継者ロバート・ウォールディンガーはこう語っています。

「重要なことは、富や名声を築くことでも、必死に働くことでもありません。この（中略）研究から伝わってくる最も明確なメッセージは、人間関係が良好なら、ますます幸福で健康になっていけるということです。他に言うべきことはありません」
「50歳のときに最も人間関係に満足していた人々が、80歳のときに最も健康でした」

すべての孤独な人々《オール・ザ・ロンリー・ピープル》

愛に一点集中すればいい。簡単な話に聞こえますよね？　それが、多くの人にとっては、そうでもないのです。特にやっかいなのは、ストライバーとしてこれまでずっと世俗的成功のために働き、人間関係を長年ないがしろにしたために、孤立してしまっている場合です。

もちろん、孤独は「一人でいること」と同義ではありません。一人でも、感情的・社会的に他者とつながることは可能ですから。むしろ、一人で過ごす時間は健やかな感情と心の平穏に欠かせません。私は違いますが、私の子どものように、健全な社会的・感情的つながりが保たれてさえいれば、一人でいるときが最も幸福な人もいます。神学者で哲学者のパウル・ティリッヒは、名著『永遠の今』でこう述べています。

「一人を喜ぶことが孤高、一人で寂しいと思うことが孤独」[*9]

孤独は、感情的にも社会的にも孤立する体験です。とてもありふれた体験なのに自分一人だけの体験のように感じられるという、奇妙な性質を持っています。小説家トーマス・ウルフはエッセイ『God's Lonely Man（神に創られた孤独な人間）』で「これまで生きてきてはっきり確信したことがある。孤独は稀で奇妙な現象どころか、人間が存在するうえで核を成す避けられない事実なのだ」と述べています。[*10] 孤独な人たちは、自分だけが孤独であるかのように感じます。自分だけが孤独だという孤独を感じているのです。

ただ、ありふれているからといって、孤独が無害ということではありません。孤独から生じるストレスは、免疫の低下、不眠症、認知の鈍化、高血圧につながることが、研究によって証明されています。[*11] 孤独な人は高カロリー・高脂質の食生活になりやすく、孤独でない人に比べ、座りがちな生活を送っています。ノリーナ・ハーツは著書『The Lonely Century：なぜ私たちは「孤独」なのか』で、健康アウトカムの観点から言えば、孤独は1日当たり15本の喫煙に匹敵し、肥満よりも悪いと指摘しています。[*12] また、孤独は認知の低下および認知症と強い相関関係にあります。

それなら、保健当局が公衆衛生に対する脅威として孤独に注目するのも当然です。アメリカ公衆衛生局長官ビベック・マーシーがこのテーマについて書いた著書は、次の言葉から始まります。「何年も患者を診てきたなかで、最も頻繁に目にした病気は、心疾患でも糖尿病でもない。孤独である」[*13]。その言葉を裏づけるかのように、本書の取材に応じてくれたある医師も、「実質、本心を打ち明けられる相手に話を聞いてもいたいという理由だけで、長年通っている患者たちがいる」と言っていました（たいていは大成功している人たちだそうです）。

アメリカ保健資源事業局も「孤独が蔓延《まんえん》している」と言明しており、その具体的な原因として、「社会集団への不参加」「友達の減少」「人間関係における対立」といった現象の増加を挙げています。[*14] 保険会社の立場からすると、孤独は経費の上昇原因になっています。保険会社のシグナは、社会的な孤立が増加している原因を解明するために相当な資源を投じていて、２０１８年には、アメリカ人の46％が孤独を感じ、43％が「人間関係が有意義でない」と感じていることを明らかにしました。[*15]

言うまでもありませんが、誰もが等しく孤独に悩むわけではありません。もともと孤独を好む気質の人もいます。人より孤立しやすい境遇の人もいるでしょう。たとえば、「孤独かどうか」には、性別と年齢はあまり関係しませんが、婚姻状況は大いに関係します。既婚者は、離婚者、配偶者を亡くした死別者、未婚者より孤独ではありません。しかし、最も孤独なのは、「不在がちな配偶者」を持つ既婚者です（仕事依存症の方は要注意です。あなたの配偶者はおそらく孤独で、その孤独に悩んでいます）。

では引退は孤独に関係するでしょうか？　引退すると孤独が増すかどうかを調べてみた

ところ、確かにそのような事例もありましたが、それはもともと孤独に陥りやすい人に限られていました。[*16] 言い換えれば、仕事以外で社会と交流する方法を知らないタイプの人です。私が知っている多くの成功者が、このタイプです。

最も孤独な職業やキャリアは何だろう、と思う人もいるかもしれません。論理的に考えれば、一人で過ごす時間が長い職業の人が孤独だと思うでしょう。たとえば、私が思い浮かべたのは農家です。私の息子の一人は、高校卒業後、アイダホ州で小麦栽培の仕事に就きました。収穫期には1日14時間、コンバインにこもりっきりでした。他の時期も終日一人で、フェンスを修理したり、土壌から岩を取り除いたりしていました。ほとんどの時期は一人だったわけです。でも、本来かなり社交的なタイプのわりに、孤独だという不満は一度も口にしませんでした。実は、就業時間外は、ほぼ常に友達や農場のオーナー家族と過ごしていたのです。

孤独な職業と聞いて、次に思いついたのは営業職です。ホテルや空港を渡り歩いているのですから、恐ろしく孤独なはずでしょう？　しかし、実は農家も、移動が多い営業職も、孤独な職業のリストには入っていません。『ハーバード・ビジネス・レビュー』誌によると、孤独な職業ランキングの上位2つは、弁護士と医者です。[*17] どちらも高スキル、高収入、高ステータスの職業です……もしかしたら、あなたの職業もそういう職業かもしれませんね。

孤独なリーダー

これまでに見てきたとおり、成功し、出世した人ほどスキルの落ち込みに苦しむ傾向があります。そう聞くとみんな驚きますが、本来、驚くようなことではありません。大物であればあるほど、落差も激しいのですから。

孤独にも同様の原理が当てはまります。世俗的成功を享受してきた人ほど深刻な孤独に陥ります。誰もが知っている有名人なのに誰とも親交がない、という事例は珍しくありません。有名シェフのアンソニー・ボーデインを例に取りましょう。私はボーデインのちょっとしたファンでした。別に食通というわけではありません。ボーデインのテレビ番組『アンソニー世界を喰らう』『アンソニー世界を駆ける』があまりにも素晴らしく、食事という平凡な行為を通して視聴者を世界へといざなう姿に、目を奪われたのです。「きっと人生が楽しくてたまらないだろうな」と思いました。実際、ボーデインは『ニューヨーク・タイムズ』紙の取材で「僕はこの世で最高の職業に就いています」と語りました。「もし僕が不幸なら、想像力が足りないということです[*18]」

私がこれから何を話そうとしているか、お分かりでしょう。2018年6月8日、ボーデインは番組のロケ地だったフランスのホテルの一室で、首を吊《つ》りました。私はボーデインの私生活のことは、あまり知りませんでした。野次馬根性ではなく、社会経済学者としての興味から、さまざまな記事を読み、すべてを持っているように見えた人間が自殺した原因を探りました。そして「飲酒問題を抱えていた」「人間関係に難があった」などの説明を読むなかで、繰り返し目にした2つの特徴が、ボーデインの仕事依存症と――ある著者の言葉を借りるなら――「底知れない孤独」でした。[*19] ボーデインは過酷な長時間労働を長年続けていました。常に人に囲まれていましたが、各所の話から察するに、深い情で結ばれた相手はほとんどいなかったようです。

でも孤立感や孤独感を抱えてしまうのは、世界的有名人だけではありません。巷《ちまた》にあふれる、やり手の人々もそうなのです。成功に取りつかれた仕事依存症の人は、落ちこぼれたくないという恐怖にとらわれています。そのため、依存行動に振り回されている人全員に言えることですが、生活のなかに、友達や家族のために使える余裕を残しておきません。シカゴ大学の社会神経科学者で孤独研究の先駆者である故ジョン・カシオポは述べています。「孤独とは、相手との関係性に抱く感情です」[*20]。ですから、たとえ家族に囲まれ、大勢の人がいる職場にいても、仕事依存症の人は孤独を感じます。愛する過酷な仕事だけが心のよりどころなのです。

リーダーは特に孤独になりがちです。その理由は少なからず、職場で権限や監督権の配下にある相手と本当の友情を築くことは困難または不可能なことにあります。職場の友情は大切です。70％の人が「職場の友情は、仕事を楽しむための最重要の要素」と答え、58％の人が「たとえ給料が上がるとしても、同僚とうまくやれない職場の仕事は断る」と答えているほどです。[*21] ギャラップが2020年に実施したデータ分析によると、「職場に親友がいる」と答えた従業員はそうでない従業員に比べ、勤務日を楽しめる確率が2倍に近く、社会的ウェルビーイングが高いと答える確率もほぼ1・5倍だといいます。

しかしトップに立つ人々は得てして、職場で本当の友情を築けず、結果として、とても苦しんでいます。たとえば、『ハーバード・ビジネス・レビュー』誌の調査では、CEOの半数は仕事で孤独を感じていて、その大多数は、孤独により仕事のパフォーマンスが落ちていると感じています。[*22] また、孤独はリーダーの燃え尽き症候群につながるという研究結果も出ています。[*23]

トップに立つ人が孤独なのは、物理的に孤立しているからではなく（CEOほど会議に参加している人などいないでしょう？）、リーダーという立場上、職場で深い人間関係を築けないからです。職場では、成功者は大勢の人に囲まれているのに孤独なのです。

プリンストン大学の心理学者ダニエル・カーネマンらが実施したある研究は、リーダーが孤立する原因を探る手がかりとなります。その研究では、大勢の働く女性たちに、一日を思い返して、ポジティブな感情またはネガティブな感情を強く抱いた場面を、それぞれ特定するようお願いしました[*24]。ポジティブな感情に関する回答には、意外性はほとんどありませんでした。ポジティブな感情をもたらした活動の上位3つは、上から順に、セックス、社交、のんびりすること。幸福感を引き出す交流相手の上位3つは、友達、親類、配偶者でした（先ほどの上位3つの活動を加味すると、こちらの3つは順不同のようですが、気にするほどのことではありません）。ネガティブな感情をもたらした活動の上位3つは、仕事、育児、通勤となっています（ごめんよ、子どもたち）。ネガティブな感情を引き出す交流相手の第2位と第3位は、顧客と同僚。では第1位は？　上司です。孤独な上司とは、誰も絡みたくないのです。

この結果を見て、私自身いろいろと腑《ふ》に落ちました。さらに、そのような調査結果になる理由を追ってみて、ますます合点がいきました。たとえば、1972年の有名な研究では、部下は自ら進んで上司と友達になろうとはしない傾向があり、あえて上司にそっけなく接し、気まずい奇妙な事態に陥っていると判明しました[*25]。より近年の研究によれば、部下はリーダーをモノ化し、人ではなく、権力や情報やお金を引き出す道具ととらえているのだとか[*26]。

しかし、そうした侮辱的なとらえ方をしない従業員も、上司との関係をぎこちない、楽しくないものにしてしまう可能性があります。2003年のある研究によれば、部下は上司を幼少期の権威者、たとえば親や教師のように扱いがちです。その状態では、上司を

上司さえも社会的に孤立してしまうのです。[*27]「ママ」とは呼ばないまでも、対等な友情を築くことは不可能で、この間まで同僚だった

それに、権力を持っている人は自ら孤立します。1950年の名著『孤独な群衆』の主張によると、リーダーが孤独な理由は、リーダーとして成功するには他者を操作し説得する必要があるからです。[*28] そういうわけで、部下がリーダーをモノ化するのとまったく同じくらい、リーダーも部下をモノ化します。[*29] さらにその後の研究で、リーダーは従業員の業績を公平に評価できるよう、意図的に従業員と距離を置いていることも判明しました。簡単に言えば、解雇する可能性がある相手とは強い絆を築きにくいのです。

恋愛と友情

孤独を和らげるのに最適な関係、いわば私たちが育てるべき最も身近なポプラは、恋愛関係と、親密な友情関係です。それぞれについて詳しく見てから、ストライバーが両者を軽視しがちな理由を考えていきましょう。

「続く恋愛」と「続かない恋愛」の違いを題材とした研究はたくさんあります。アメリカでは結婚がかなりの確率（最新のデータによれば、約39％）で離婚または別居に至ること

は周知の事実です。[*30] でも本当に重要なのは、同居しているかどうかありません。ハーバード成人発達研究のデータを分析すると、結婚そのものは老後の主観的ウェルビーイングに2％しか寄与していません。[*31] 健康とウェルビーイングに重要なのは、関係の満足度です。

大衆文化なら「満足度を高める秘訣は情熱的な恋愛にある」と煽るでしょうが、それは間違いです。むしろ、恋愛の初期はたくさんの不幸を伴います。たとえば、絶え間ない悩み、嫉妬、「監視行動」など、幸福とは普通結びつかないものがつきものであるという研究結果が出ています。しかも、真の相手や愛は初めから決まっているという「運命思考（destiny beliefs）」だと、愛着不安と組み合わさったときに相手への許容度が下がることが予測されます。[*32] 恋愛感情は私たちの脳を乗っ取りがちで、天にも昇るような高揚感や絶望の浮き沈みを引き起こす原因となります。[*33] ですから、正確には、「恋愛は幸福になるための初期経費」だと言えるでしょう。この盛り上がるけれどストレスも多い段階に耐えて初めて、本当に満足できる関係性にたどり着けるのです。

言い換えれば、幸福の秘訣は恋に落ちることではありません。愛し続けることです。そのためには、心理学で「友愛」、つまり激しい感情の浮き沈みに基づく愛ではなく、安定した愛情や相互理解や一途さに基づく愛が必要です。[*34] 「友愛」だなんて、なんというか、夢がないなあと思うかもしれません。確かに、私も初めて聞いたときはそう思いました。でもこの30年で分かったの大変な努力をして将来の妻の心を射止めたばかりでしたから。でもこの30年で分かったのですが、私たち夫婦は愛し合ってるだけではなく、好き合ってもいます。妻は昔も今も私の恋人で、親友でもあるのです。

友情に根差しているからこそ、友愛は本当の幸福をもたらします。[35] 魅力に支えられた「熱愛」は、2人の関係が慣れ親しんだものになってくると続かないのが一般的です。逆に、その「慣れ」や「親しみ」に支えられているのが友愛です。友愛と幸福の関連について、ある研究者は『Journal of Happiness Studies（ジャーナル・オブ・ハピネス・スタディズ）』誌で次のように率直に要約しています。「配偶者を親友ともみなしている人のほうが、結婚がウェルビーイングへ及ぼす利益は各段に大きい」[36]「この種の愛は、時間が経つほどに危機を乗り越えるため、『幸福で健康』になるうえで有利に働く」

親友は互いに相手から楽しみや満足や意義を引き出します。お互いを引き立てます。親しみを込めてからかい合い、一緒にいることを楽しみます。その手本として有名なのが、元大統領のカルビン・クーリッジと妻グレースです。この夫婦にはあるエピソードが残っています（おそらく作り話でしょうが）。大統領夫妻が養鶏場を見学していたときのことです。夫人は、大統領にも聞こえる声で、農場主に言いました。一羽の雄鶏《おんどり》でこんなにたくさんの卵が受精するなんてすごいですね。[37] はい、雄鶏は毎日何度も仕事をしますので、との答えに、夫人は微笑みました。

「大統領にそのことを教えてあげるといいんじゃないかしら」

それを聞いた大統領が、農場主に尋ねました。雄鶏の相手は毎回同じ雌鶏《めんどり》なんですか。いいえ、雄鶏にはたくさん相手がいるんです。大統領が言いました。

「大統領夫人にそのことを教えてあげるといいんじゃないかな」

見境のない雄鶏はともかく、友愛で結ばれた恋愛関係によって人間が最も幸福になれるのは、一夫一妻制の場合のようです。これは道徳的な観点ではなく社会科学的観点から言っています。というのも、2004年、1万6000人のアメリカの成人にアンケートを実施したところ、男女とも、「過去1年間の性的パートナーの数が1の場合が、最も幸福感が高くなると推定される」という結果が出たのです。[*38]

恋愛関係は間違いなく最重要の関係でしょう。しかし、恋愛関係は孤独を防ぐのに必須でも十分でもありません。ロバート・ウォールディンガーから聞いた話では、結婚している高齢者と未婚の高齢者の幸福度には、結婚そのものによる差は見られません。充実感をもたらす密な家族の絆や友情が他にあれば、未婚でも幸福になれるのです。

ただ、夫婦関係が唯一の友情関係になってしまうのは望ましくないことも、同じくらい肝に銘じておきましょう。2007年、ミシガン大学の研究者たちは「親友がいる」と答えた22〜79歳の既婚者を調査しました。すると、最低でも2人の親友がいる（配偶者以外に少なくとも1人の親友がいる）人のほうが、人生の満足度と自尊心が高く、抑うつ度が低いという相関関係がありました。[*39] 親友を2人挙げられない人にとっては、感情的欲求を満たすうえで夫婦関係がはるかに重要でした。この状態はさまざまなリスクをはらんでいます。お互いの感情をほぼすべて夫婦だけでケアしなければならないと、結婚生活に大きな負担がかかり、結婚生活の難局がいっそう破滅的になるし、その際に孤立しやすくなってしまうのです。

私の父には親友と呼べる人が母しかいませんでした。内向的で、人と親交を結ぶのがとにかく苦手だった父にとっては、それが最も自然な流れでした。2人の結婚生活は幸せなものでした。大学を卒業した4日後から始まり、父が66歳で亡くなるまで、44年間続きました。でも配偶者やパートナーしか親友がいないというのは無鉄砲で、一つの投資先に全資産をつぎ込むようなものです。結婚生活に問題が生じれば、伴侶だけでなく友達も失いかねません。離婚したり、配偶者が亡くなったりすると、まさにそうなりがちです。

多くの年配者が歳を取るとともにこの事実に気づき、配偶者以外の友人とネットワークを構築します。特に女性の場合は、男性よりも大きく、濃く、支えになる友人同士のネットワークを持っています。それも、男女がはっきり区別されたネットワークです。[*40] 配偶者は別としても、年配の女性は男性を「友達」とすら思っていない場合がほとんどで、親交のある相手として男友達の名を挙げる年配女性は、5人に1人しかいません。

年配男性は、妻が友情を外に求めるようになったら、こうしたことを理解することが重要です。歳を経ると、男性は女性よりも、夫婦の絆が感情面の重要な支えとなります。男性の場合はたいてい、仕事のせいで友情をはぐくむ余裕がなく、数少ない友情といえば、感情よりゴルフでつながっている友情だからです[*41]。妻たちは感情の支えを求めて分散投資をしているわけで、はっきり言って、これは分別のある賢い行動なのです。

たまに、老後は成人した子どもが親しい人間関係の軸になるだろうと思っている人がいます。子どもは、つまるところ、私たちが文字どおりの意味でも比喩的な意味でも、最も投資してきた相手です。私たちのことを分かっているし、私たちも子どものことを分かっています。私の子どもたちを見ていると、まるで20代の自分を見ている気になります。この子たちが私の老後の親友になってくれるのでは？

その可能性は低いでしょう。私が成人した子どもと衝突するのはたいてい、私自身が親とどう付き合ってきたかを忘れているときです。両親は良い親でしたが、私は自立を望んでいました。ある程度の線引きが重要でした。邪険にしていたわけではなく、自分自身の人生を築きたかったのです。私の子どもたちも同じです。親子関係はすこぶる良好ですが、子どもたちは私の人生ではなく、子どもたち自身の人生に専念していますし、そうあるべきです。だからこそ、血縁でない友達との付き合いのほうが、成人した子どもとの付き合いよりも、ウェルビーイングと強く相関している、という研究結果が出ているのです[*42]。友情について研究している2人の学者は言っています。

「家族との交流は義務感から生じることが多いのに対し、友達との交流は主に喜びに動機づけられている」[43]

あなたの友達は本当の友達？　取引の友達？

昔、フロリダ州で息子のカルロスと釣り旅行をしていたときのことです。カルロスは12、3歳で、その旅行はカルロスへのクリスマスプレゼントでした。カルロスのリクエストは毎年同じで、それが私と2人きりでフロリダに行き、狩りと釣りをすることだったのです。その恒例行事は、カルロスが海兵隊に入隊するまで、10年間続きました（カルロスは退役したら、その行事を再開すると約束してくれています――今度は、私へのクリスマスプレゼントとして）。

土曜日の早朝、オオクチバスを釣るためオキーチョビー湖に出かけようとしたまさにそのとき、私の携帯電話が鳴りました。発信者番号を見ると、大財団の会長からでした。私が代表を務める非営利組織の取引先です。「出ないといけない電話だ」とカルロスに伝え、電話を受けながら車に乗り込みました。個人的に親しいわけではなかったものの、お互いの家族についてたわいもない話を5分ほどしてから、本題に入りました。

電話を切ると、誰と話していたのかとカルロスに聞かれ、「友達だよ」と答えました。

友達と言っても、別に間違いではありません。私たちは互いに友達と言えるくらい好意を持っていたし、ファーストネームで呼び合う仲でした。仕事抜きで夕飯をともにしたこともありました。カルロスが私を見つめました。そのまなざしは、父さんは適当なことを言っているな、と考えているときにカルロスが決まって見せるまなざしでした。

「本当《real》の友達？　**取引《deal》の**友達？」

賢い子です。私は一瞬答えに詰まりました。カルロスは核心をついていました。子どもは、親のことを驚くほどよく分かっているのです。でも、とりあえず発言の意味を尋ねてみました。

「父さんは、本当の友達はあんまり多くないけど、お偉いさんの知り合いはたくさんいて、持ちつ持たれつでやっているでしょ。そういうのは本当の友達じゃなくて、取引の友達だよ」

カルロスは気づいていませんでしたが、その関係性の区別は、アリストテレスが2千年以上前に『ニコマコス倫理学』で論じたものとまったく同じです。アリストテレスの説では、友情は一種のはしごで、低いものから高いものまで存在します。感情的絆が最も弱く、友情の恩恵も最も低い最下段は、利便性に支えられた友情で、カルロスの言う「取引の友達」に該当します。この場合の友達は手段であり、仕事の成功など、相手の達成したいことを助け合う関係です。

中段に位置するのが、快楽に支えられた友情です。一緒にいて楽しい、面白い、美しい、頭がいい、など、好意や憧れによってつながっている友達です。言い換えれば、相手の人となりで好きなところがあり、利便性に支えられた友情よりは上段にありますが、基本的には手段であることに変わりはありません。

最上段に位置するのは、アリストテレスが「完璧な友情」と呼ぶもので、互いのウェルビーイングを願い、両者の利得を超えた善や美徳をともに目指せる友情です。たとえば、宗教上の信念や、大義への情熱でつながっている友情などで、利便目的ではありません。この場合の友達は情熱を分かち合う相手ですから、本質的で、手段ではありません。

当然、複数種の友情が混ざることはあります。私にだって、善や徳に対する情熱をしっかり共有できる、尊敬するビジネスパートナーができる可能性はあります。でもたいていの場合、私の友情はアリストテレスが唱えた3つのグループにきれいに分類できるし、利便性のグループが最多になる傾向があります。

カルロスの質問を受けてあらためて考えてみると、私も、ハードに働いている野心的な多くの人たちと同じように、「取引の友達」は山ほどいても、本当の友達は少なく、とても孤独でした。数少ない本当の友情をもっと大きく育てよう、と誓いました。

あなたはどうでしょうか？　本当の友達がいますか？　それとも、あなたの友達は、ただの取引の友達ですか？　その答えが、あなたの幸福を大きく左右します。２０１８年、カリフォルニア大学ロサンゼルス校の研究者たちが孤独に関するアンケートを実施しました。[*44] その中で、「自分のことをよく分かってくれている人がいない」と感じる頻度について尋ねたところ、「いつもそう感じる」「たまにそう感じる」という答えが54％を占めました。あなたもこの中に含まれますか？ 答える前に、本当の友達を2、3人挙げてください。既婚者は配偶者を除くこととします。では、正直にお願いしますね。その「本当の友達」と最後にじっくり話をしたのはいつですか？ 困ったとき、その人にならば気兼ねなく電話をかけられますか？

もし本当の友達を2、3人挙げるのに苦労したなら、問題があります。また、数カ月間その友達と話をしていないか、非常時にその友達に電話をかけようと思わないなら、本当の友達と取引の友達を混同している可能性が高いです。正直に答えていないという意味ではありません。単に、長い間本当の友情をはぐくんでこなかっただけかもしれません。

長年、たとえば幼少期から本当の友情を築いてこなかった人は、本当の友情を築こうとしてもすんなりとはいかないかもしれません。研究によれば、本当の友達作りに関しては、女性より男性のほうが苦労する傾向があります。[*45] さらに、女性は一般的に社会的・感情的な支えを土台にして友情を築くのに対し、男性は仕事など、共通の活動を土台にして友情を築く傾向があります。要するに、女性には本当の友達が多く、男性には取引の友達が多いのです。[*46]

晩年は特に、本当の友達の有無がウェルビーイングに大きく影響します。中年期以降の幸福に大きく貢献する要素の一つが、真の親友を数人すらすらと挙げられることであることは、数々の研究により証明されています。[*47] 幸福になるのに必要な親友の数は、必ずしも多くありません。むしろ、人々は年齢とともに友達を厳選するようになり、親しく付き合う相手を絞る傾向があります。[*48] でも本当の友達がゼロとか、配偶者だけとかではだめなのです。

こうしたパターンを認識した私は、親友を作ることを決意しました。妻も一緒にやると言ってくれました。親友を作るのは誰にとっても簡単なことではありません。特に私たち夫婦は何回も引っ越しをしているので、今の居住地で築いた友情の「根」は、何年も根づいているわけではありません。そこで、私たちは一計を案じました。深いテーマについて話し合える相手かどうかを主眼に、人付き合いを見直すことにしたのです。「重い」夫婦だと思われるのを覚悟のうえで、夕飯どきに友達と語る話題を、旅行計画や住宅購入のような当たり障りのない話題から、幸福や愛や精神性といった話題へと変えました。それによって友情が深まることもあれば、「今より充実した関係にはなれそうもないので距離を置いたほうがいい」と分かることもありました。

愛をはぐくむときに立ちはだかる壁

以下に、人間関係に関する肝心なこと、つまりあなたのポプラの森を育てるうえで重要なポイントをまとめます。

・人との強い絆があると、第2の曲線に移りやすく、成功しやすい
・どんなに内向的な人でも、健全で親密な人間関係がなければ充実した老後は望めない
・既婚者の場合、配偶者と恋愛と友愛をはぐくむことが、成功の鍵
・婚姻関係や家族は密な友情の代わりとしては適切ではない。密な友情を築く余地は残しておくべき
・友情はスキルであり、そのスキルを磨くには、練習と時間と根気が必要
・仕事つながりの友情は、大義を共有している場合は満足をもたらすこともあるが、本当の友情の代わりにはならない

ここ数年間、さまざまな取材や会話をしてきましたが、今挙げたポイントを伝えたり、

「今すぐ人間関係を構築しましょう」と言ったりすると、驚くほどの反対に遭います。主な反論を3つ挙げましょう。

「**とにかく時間がないんです**」

確かに、愛と友情をはぐくむのは、途方もなく時間がかかります。何であれ他のことをする時間は減ってしまいます。たとえば……そうですね、正直に言いましょう。本書の読者の多くが減らすことになるのは、**仕事**です。このケースに当てはまる人で、仕事を減らしたくがないために恋愛関係や親子関係や本当の友情を再構築する気になれない人は、優先順位のバランスが崩れています。

思い出してください。依存行動の典型的な兆候は、人間関係が人間以外のものに置き換わっていくことです。前述したように、それが「仕事依存症」という言葉のゆえんです。働き、達成し、稼ぎ、成功するために、すべての注意と時間を注がずにはいられない状態です。もしあなたが仕事依存症的な行動を呈しているなら、「友達を作ったほうがいい」と私がいくら説いても無駄です。あなたが親しい関係者のために時間やエネルギーを残しておくことは絶対にないでしょう。何よりもまず、仕事依存症という問題に対処する必要があります。

この真実を認めるには、仕事依存症の人が残業によって避けようとしているものと向き合わなくてはなりません。避けようとしているものが、機能不全に陥った人間関係そのものであるなら（そうなったのは長年人間関係を軽視してきたためかもしれませんね）、依存にふければ事態は悪化するばかりです。臨終の床にいる老人が家族に後悔を語るお決まりのシーンで、「もっとたくさん働けばよかった」と言う人はいないことを覚えておくとよいでしょう。依存から抜け出すには、仕事依存症の人は時間を配分し直して、友情や家庭生活を（再）構築しなくてはいけません。

このことが、よく聞く2つ目の嘆き、問題を認めたときに生じる嘆きにつながります。

「人間関係が枯れきっていて、どこから手をつければいいか分かりません」

なかには、長いこと他者と親しい関係をはぐくんでこなかった人もいます。しかし、その場合に厄介なのは、家族や友達との絆が切れかけていることだけではありません。それ以上の問題と言ってよいでしょうが、親しくなるには練習が必要になってきます。長い間大切な人たちを軽視すれば、「愛をはぐくむスキル」は失われている可能性が高いのです。

この状態に当てはまる人は、休眠状態の「人間関係を築くスキル」を再び目覚めさせる必要があるでしょう。第一歩は、絆を深めたいとはっきり口にすることです。言い換えれば、変わる覚悟を他者に、それ以上に自分自身に、示すことです。考えているだけで口に出さないうちは、変化は実現しないものです。

知り合いのなかには、人生を変えようと何十年も「考えて」いる人たちもいます。労働時間を減らして家族や友達との時間を増やそうと「考える」ことに、あまり価値はありません。でも、そうしたいと大切な人に伝えれば、その考えが脳にプログラムされ、あなたは目標達成に向けて動きはじめるでしょう。

しかしスキルを失っているときにどうやって人との距離を縮めればいいのでしょう？ 65歳にもなった管理職が、電話をかけ合って「いついつに一緒に遊びましょうよ」と誘い合うとでも？　子ども同士の遊びの約束じゃあるまいし、バカバカしい！

……と言いたい気持ちは分かりますが、実際は、そうバカバカしいことではないかもしれません。子どもがごく幼かった頃は、私も子ども同士を遊ばせたものです。子どもたちは厳密には一緒に遊んでいたわけではありませんが、児童発達の専門家が言うところの「並行遊び」をしていました。横に並んで、それぞれが自分のおもちゃで遊んでいる状態です。この過程を経て、子どもたちは友情を築くスキルを獲得していきます。少しずつ関わりを深め、何カ月か経つ頃には、同じおもちゃで一緒に遊ぶようになります。

アメリカ、イギリス、オーストラリアなどいくつかの国では、「メンズ・シェド（Men's Shed）」という新たな現象が起きています。これは端的に言えば、高齢男性たちが友情スキルを学び直すための並行遊びです。[*49] 孤独な男性たち（引退した人が多いですが、全員ではありません）が、大切な人からいっとき離れて、木工具のあふれる「小屋（Shed）」で、他の男性たちと並んで、工作に取り組むのです。男性は共通活動を通じて友情を培う傾向があることを思い出してください。それを、直接の共同作業ではなく並行遊びを介して実現するのが、メンズ・シェドの工作活動なのです。男性たちは徐々に他のメンバーと交流するようになり、新しい友達を作って友情を再構築していきます。「ここに来てみんなとしゃべると、達成感がありますね」と、ある男性は『ワシントン・ポスト』紙の記者に語りながら、友達のためにフットボール形のトロフィーを作っていました。「最初は緊張したけど、みんな本当に歓迎してくれました。今では週1回はここに来ています[*50]」

別に小屋でなくてもいいのです。女性が人間関係を再構築するときは、まったく別の手段を用いることでしょう。大事なことは、友情に火をつけたいなら、考えてばかりいないで、行動することです。

「きっとみんなは私を許してくれないと思います」

枯れきった人間関係では、家族側が大きな恨みを抱いている場合があります。何十年も相手を顧みなかったために、夫婦関係は冷め、成人した子どもとの関係も氷のように冷えきっています。「愛してほしい」「もっと私を見てほしい」と求めていた人たち、それも、実際に愛され注目されるべきだったのに、ずっとそうしてもらえなかった人たちから、成功依存症の人は積年の恨みを買っていることが多いのです。

今こそ償うときです。アルコール依存症の回復プロセスが参考になります。アルコホーリクス・アノニマスが提唱する12ステップの克服プログラムに従っている人たちは、ステップ9なくして克服は実現しないことを知っています。そのステップ9とは、「ことあるごとに、相手に直接償う。ただし、償うことで相手本人や他の人が傷つく場合は除く」です。克服を目指すアルコール依存症の人は、依存症のせいで傷つけ、ないがしろにしてきた相手を一覧にします。誰かを傷つけることにならない限り、一覧の人たちに償わなくてはいけません。

これが一筋縄ではいかないことは明白です。「あの晩、酔っぱらって君の車を大破させて申し訳ない」と言っても、傷はすぐには、そして十分には癒えないかもしれません。でも出発点としては悪くありません。その後、飲酒をやめて借りを返し続ければ、さらに良いでしょう。

成功依存症の犠牲者に償う場合も同じです。「君のバレエの発表会よりも、退屈な役員会議を優先して悪かった。何についての会議だったか、もう覚えてもないのにな」と言ったところで、すべてが元どおりになるとは思えません。行動も改めなくてはだめです。人間関係に関しては、行動は言葉より雄弁です。過去にも言葉だけで行動が伴っていなかったのなら、なおさらです。

人生を測定する

すでに触れたとおり、私は生徒の注意を促すために、「あと何回感謝祭を迎えられると思いますか？」と尋ねるようにしています。実を言えば、私自身もそれではっとするのです。両親の例に倣えば、私の場合、あと8回ほどでしょうか（ブルックス家はかなり短命なのです）。誰かを落ち込ませたいわけじゃありません。思い出に残るような貴重な行事で残りの時間を数えると、時間の貴重さが急に具体的に感じられます。時間をもっと賢く使うようになります。「毎日を、人生最後の一日だと思って生きよう」というのと同じ考え方です。

そのつもりで生きれば、きっと仕事依存症と成功依存症の問題も解決できます。両者を増長させているのは、認知の誤りです。時間は無限にある、だから「次の1時間に何をするか」という直近の決定は、長い目で見ればたいして人生に影響しない、と勘違いしているのです。私たちは時間切れになってからその事実に向き合うのですが、それでは後の祭りです。

経営コンサルタントなら、この事象を「系統的測定誤差」と呼ぶかもしれません。そこで、私は私自身の系統的測定誤差を解消するために、ある経営の専門家の研究成果を応用したワークを考案しました。その経営の専門家とは、故クレイトン・クリステンセンです。ハーバード・ビジネス・スクールの教授を長年務めた教授で、私はそこの教員をしています。私がハーバードの教員になって数カ月ほどでクリステンセンは亡くなりましたが、彼の遺産はハーバード・ビジネス・スクールに色濃く残っています。その少なくない理由は、クリステンセンの名著『イノベーション・オブ・ライフ』にあります。*51 その著書でクリステンセンは、充実した良い人生を企業評価と同じ手法で分析していま す。どこを取っても大いに読む価値がある本ですが、私はうち1つの節を題材にさせてもらい、3部構成のワークを開発しました。そのワークを実践すれば、本当の満足感をもたらす人間関係に投資しながら、仕事依存症と成功依存症の罠《わな》を避けることができます。

❶終わりを意識して時間を割り振る

成功者は「直近の損得勘定（marginal thinking）」が得意です。一時間一時間を、その時点で最大の利益を生むことに費やします。その場合に厄介なのは、短期的に明確な利益が見込めない人生の要素、たとえば人間関係が、常に損失と評価されてしまうことです。そのせいで、たとえ疲労困憊《ひろうこんぱい》して非生産的であっても1時間の残業を優先し、家族と過ごす1時間を後回しにします。これを何日も何年も続けるうちに、孤独と疎外という問題に悩まされることになるのです。

この過ちを回避するために、私は月1回、日曜日の午後の1時間をワークに当てています。まず、臨終の自分が、愛する人たちに囲まれているところを想像します。みんなが私のことをどう語るか、思い巡らせます。

その後、現在に戻って、次週以降の時間の割り振り方を考えます。さっき思い描いたシナリオに至るような人間関係をはぐくむために、この1週間をどう使いたいだろう？　そして「定時で退社して、仕事のことはすっきり忘れ、夕飯までに帰宅し、夕飯後は家族と映画を見よう」のように決意を固めます。

❷「自分にしかできない役目」を果たす

多くの事業が「エドセル問題」とでも呼ぶべき問題により失敗します。エドセルは、1958年に生産された有名車で、フォードの経営陣からは愛されましたが、消費者からは嫌われました。下手な商売は、消費者が欲し必要とするものではなく、自分の売りたいものを売るのです。私たちは人間関係において同様のことをやりかねません。人間関係を年単位で軽視し、スキルが衰えている場合は、特にその傾向があります。自分の都合のいいときに、自分が興味のあることをする機会を、家族や友達に与えるのです。「職場では王様なんだから、家庭でも王様だ！」という理屈です。

もちろん、そんな理屈は通用しません。愛する人との関係は主従関係ではなく相互関係によって成り立っています。与える側にとって一番都合のよいものではなく、相手の欲しいもの、必要なものを与えなくてはいけません。

私は定期的に、関係を強化したい人を書き出すようにしています。そして、それぞれの名前の横に、その人たちが私に求めているもの、それも、私にしか与えてあげられないものを書いていきます。たとえば、妻の場合なら私にしかしてあげられないことはこれこれで、子どもの場合なら私にしかしてあげられないことはこれこれだ、と。そこに挙げたことを軽視すれば、関係性は破綻します。

❸ 賢く投資する

息子の一人が、高校生のときにこう聞いてきました。「僕が生きるうえで本当に手に入れてもらいたいものを3つ挙げるとしたら何？」。私は数日考えて、自分の出した答えに驚きました。答えは「幸福」ではありませんでした。幸福は重要ですが、目的と意義のある良い人生には、不幸も欠かせないからです。お察しのとおり、「お金」「名声」でも断じてありません。さんざん考えて伝えた答えは、「誠実、思いやり、信頼」でした。その3つを身につければ、息子が可能な限り最良の人間になれると感じたのです。

それをきっかけに、大切な人たちに手に入れてもらいたいことを3つずつ書き出し、こう問いかけることにしました。私は今書き出したものに投資しているだろうか？　私の時間、エネルギー、愛情、技能、お金を、こうした長所や資質を伸ばすために注いでいるか？　私自身の行動で模範を示しているか？　新しい投資戦略が必要か？

見返り

2009年に発表されたロチェスター大学の研究では、大学を卒業したばかりの人を147人集めて卒業後の目標を尋ねました。その結果、回答として得られた目標は、基本的に「内発的」か「外発的」かの2つに分類できました。[*52] 内発的目標の焦点は、深い長期的な人間関係から生まれる充実感にあります。一方、外発的目標の焦点は、大金を稼ぐ、たくさんのものを所有する、権力を得る、評判や名声を築くなど、いわば満足の方程式の分母を構成する欲にあります。これはまさにバケットリストから追放すべきものです。

1年後、参加者たちの状況を追跡調査しました。まず判明したこととして、参加者たちはおおむね目標を達成していました。人間関係の充実を望んでいた人たちはそれを手に入れ、お金や権力を望んでいた人はその軌道に乗っていました。これは極めて重要な発見です。おそらく、人生では願うものが手に入るのです。そう考えると、昔からよく言われる「願い事は慎重に決めよう」という言葉の真実味がいっそう増します。

しかし、第二の発見は実に深いものでした。内発的目標を掲げていた人たちは1年後にはもっと幸せな生活を送っていました。一方、外発的目標を追っていた人たちは、恥や恐怖などのネガティブな感情が増し、体調も悪化していました。簡単に言えば、お金や威信といった世俗的なものを人生の目標にしている人は、欲望が爆発して人生の満足感が低下するように、自らを仕向けているのです。

あなたもうすうす気づいていたのでは？　あなたは流動性知能曲線が上昇する何年もの間、他のものには目をくれず外発的目標に夢中になり、依存症を強化してきたのでしょう。でも成熟して人生経験を積み、つまり私のように歳を取り、今では外発的な見返りを目標にするのは愚かなことだと気づいているのです。しかし、そう気づいているからこそ、人生が報われないものになってしまいます。若い頃は、「外発的な見返りを所有すればいつか満足するはずだ」という希望があります。年月が経つにつれて、そんな日は来ないのだと分かります。しかし、外発的な見返りを求める習慣が染みついているうえ、それを得るスキルに長けているので、「これを手に入れるか、あの世俗的な目標を達成すれば、探し続けてきた満足感をやっと達成できる」という消えかけた希望を捨てられないのです。それではいくら努力しても報われません。他のどこに見返りを求めればいいか分からないまま、落ち込んでいく流動性知能曲線から抜け出せなくなってしまいます。

あなたの本当に欲しいものを手に入れ、第2の曲線に移る心構えを身につけるには、人間関係を構築し、愛の精神に基づいて知恵を共有する必要があります。そのためには、内発的目標へと移行するしかありません。でも、新しい目標を、それも人生が後半に差しかかってから持つことなどできるのでしょうか？　絶対にできます。ただ内発的な価値観をもっと包み隠さずに口にする必要があります。

手始めに、今からご紹介する方法を試してみてください。パーティーに出ている自分を想像しましょう。「何をしている方ですか？」と聞かれたら、肩書のような外発的なものではなく、自分が最も目的と意義と喜びを得られそうなものを答えてください。精神生活、人間関係、他者へ奉仕する方法といった観点から考えます。たとえば、「弁護士をしています」と言うのではなく、「妻で、3人の成人した子どもの母親です」と答えるのです。それが本当の自分で、自分のしていることだとは、最初はあまり思えないかもしれませんが、心配はいりません。人生では、口にすることが現実になっていくのです。

人間関係が名実ともにあなたの意義と充実感の源となったとき、享受している見返りの深さを十分に説明することは困難です。人々は「まるで秘宝を見つけたようなものだ」「もっと早く見つけられなかったことだけが残念だ」と口をそろえ、作家は至福の愛と友情を偲《しの》んで挽歌《ばんか》を詠います。ラルフ・ウォルドー・エマーソンは、喜びにあふれた随筆「友情」で次のように書いています。

…………

今朝は、新旧の友に対する敬虔《けいけん》な感謝の祈りとともに目覚めた。神を美しい者と呼ばずにいられようか。日々、神は神自身の裁量で美しい者として姿を現す。私は社会を非難し、孤独を享受するが、知恵ある者、素晴らしい者、高貴な心を持つ者が時々私の門を通るのが見えないほど、恩知らずではない。私の声を聴き、私を理解する者は、私のものになり、永遠の財産になる。

…………………

親密な友情は、配偶者の友愛にしろ、アリストテレスのいう「完璧な友」にしろ、どんな職業上の成功にも勝ります。キャリアの落ち込みによる傷を何よりも癒してくれることでしょう。

すでに登場したJ・S・バッハの例で考えてみましょう。バッハは仕事を愛し、人生前半の成功を楽しみましたが、最も大切なものが何かを知っていました。相当な投資なくして、20人の子どもの良い父親にはなれません。さまざまな文献に描かれているように、バッハが2人の妻と生き残った子どもたちとの間に温かな関係性を築いたことから、そのために膨大な投資をしたことがうかがえます。バッハは妻子を愛し、妻子から愛されていました。仕事と私生活を両立できた一因は、両者の境界線をあいまいにしたことにあります。というのも、2部構成のインベンションと交響曲は、我が子たちの練習曲として書いたものでしたし、2番目の妻はバッハの筆写師でした。さらに、バッハは息子たちの音楽家としてのキャリアを自ら先頭に立って促進しました。バッハが幸せな最期を迎えたのは、作曲家として成功したからではありません。なにしろ、人生最後の数十年間に、バッハの作曲家としての地位は昔とは比べ物にならないほど低下していたのですから。つまり、幸せな最期はバッハがはぐくんだ人間関係のたまもので、その人間関係が、作曲家という革新者から偉大な教師へと転身する原動力となったのです。

至高の愛へ向かって

あの日ポプラの木の下で、私は画期的な発見をしたつもりでいました。ですがもちろん、同じことを考えた人は、昔からたくさんいます。その代表は、次の言葉を残したヘンリー・デイヴィッド・ソローでしょう。

2本のたくましいオークは、横に並び
冬の嵐に耐え
風や潮に負けず
草地の誇りとして育ち
強く支え合っている

上空ではほとんど触れもしないが、地下へと
奥深く筋をたどれば
感嘆するほどに
根は絡み合い
一心同体でいる[*53]

人間関係は理解を超えた力を秘めていて、私たちにその気さえあれば、物質を追求する苦役から抜け出すための、格好の手段となります。ストライバーは、第1の曲線から第2の曲線へと移ることで、キャリアの落ち目に逆らうのをやめ、他者を愛するという喜びの源泉へと向かう素晴らしい機会を手にできるのです。

実は、英語は愛を語るには貧弱な言語です。たとえば、ギリシャ語では愛を表す単語は複数存在し、使い分けられています。フィリア（友愛）、エロス（恋愛）、ストルゲー（家族愛）、フィローシャ（自己愛）、クセニア（歓待の心、見知らぬ人への愛）がその例です。しかしギリシャにおける愛の概念のうち最も超越した愛は、アガペー、神に対する愛です。アガペーは、最高かつ最も至福の愛と考えられていました。アガペーに至ると、ある種の恍惚状態になります。ただ、長い間自分自身と世俗的な見返りを信じてきたストライバーの場合、アガペーに自然に至ることはあまりありません。次の章では、人生の現在地

がどこであれ誰でもアガペーを達成できること、アガペーを達成すれば人生を先へ進める自信が湧いてくることを、学んでいきましょう。

第7章

Start Your Vanaprastha

林住期（ヴァーナプラスタ）に入る

信仰心を深める

湿度の高い、蒸し蒸しした朝でした。２０１８年2月、私は南インドの片田舎へ向け出発しました。目的地は、ケーララ州とタミル・ナードゥ州の境付近にある小さな町パルガートです。

少々話を戻しましょう。若い頃にヒンドゥー教の指導者パラマハンサ・ヨガナンダの著書と出会って以来、**住期**《じゅうき》**（アーシュラマ）**という古代インドの理論の存在は知っていました。中年という過渡期を幸福で悟りに満ちたものにするための理論です。しかし、それ以上のことは知りませんでした。インターネットで検索し、英語で書かれた本を探し、インド人の友達に詳細を聞いてみたりもしましたが、知識が深まることはほぼありませんでした。無理もありません。膨大で深遠なヒンドゥー教思想は、思考や情報のグローバル化にさらされてきたのです。私の探している答えを見つけるには、まず師を見つけなくてはいけないと言われていました。

とはいえ、師を探すのは私にとっては苦ではありませんでした。私は年来のインド好きです。19歳のときに初めてインドを訪れ、その文化、音楽、食、哲学、そして特に人を、大好きになりました。ユーモアセンスと厳格すぎない精神性を兼ね備えたインド人たちといると、いつだって心からくつろげます。だから理由をつけて年1回はインドへ赴き、何人もの精神の師に指導を受けてきました。

２０１８年のその朝は、4時に起きて数時間車に乗り、何の表示もない小さな家へと着きました。確かな筋から聞いた話では、そこでシュリ・ノチュール・ヴェンカタラマン――弟子からは単に「アチャーリャ（先生）」と呼ばれています――が住期について、さらに私が人生の後半に目指すべき姿について、教えてくれるというのです。

アチャーリャに会えるとは、なかなかの快挙でした。インドには富と名声を追求する営利の師がたくさんいますが、アチャーリャは裕福ではなく、メディアにも出ず、西洋諸国にも行ったことがありません。人々の精神的な成長を助けることに献身している、目立たない謙虚な人です。起業のネタ探しに来たＩＴ系技術者や、自宗教から逃げ出してインドの精神性にはまった西洋人には興味がありません。しかし、私は言葉を尽くして弟子たちを説得し、新しい信仰を物色したいわけでも、金儲けをしたいわけでもないことを、納得してもらいました。

その会合はまるでテレビのワンシーンのようでしたが、カメラはありませんでした。サンダルを脱ぎ、目立たないその家に入ると、師がいて、周りには無言の信者たちが輪を作っていました。師は手を合わせ伝統的なナマステの挨拶をしました。「お待ちしていました」。師とともに腰を下ろすと、すぐに完全なる平穏で心が満たされました。しばらくの間、そこにいる目的を忘れました。

目的意識を取り戻した私は、住期の各時期の生き方を探しに来たのです、と話しはじめました。「歳を取ると長年努力して身につけた能力を失い、苦しむ人がたくさんいます。

新たなライフステージへ移るのは難しいし、恐ろしいことですらあります。あなたからはこうした問題のヒントをもらえると聞いたのです」。

その後2時間にわたって、アチャーリャは古代インドの教えを説明してくれました。説明によれば、正しい人生を送るには４つのステージを踏まなければならず、それぞれのステージをアーシュラマと言います。各アーシュラマの期間は25年が理想とされています。当然、普通はそうならない可能性のほうが高いです。現代のアメリカで１００歳まで生きる確率はわずか6千分の1程度ですし、インドの場合、その確率はさらに下がります。しかしこの教えの真のポイントは、１００年生きて、人生を均等に割ることではありません。各ステージを有意義に過ごすことです。

第1のアーシュラマは、**学生期《がくしょうき》（ブラフマチャリヤ）**で、青少年が学習に専念するステージです。第2は**家住期《かじゅうき》（ガールハスティヤ）**で、キャリアと富を築き、家族を養うステージ。この第2ステージはごく当然のことで何の問題もなさそうですが、ヒンドゥー教の賢人たちは、このステージには人生で陥りやすい罠が潜んでいると考えています。どうしても、お金、権力、性交、威信といった世俗的な見返りに執着し、このステージを生涯維持しようとしてしまうのです。聞き覚えのある話でしょう？　表現は違いますが、要するに流動性知能曲線にはまってしまうのです。お金、権力、快楽、名誉という、トマス・アクィナスが定義した４つの偶像を追い求めるうちに、自己モノ化し、けっして満足できなくなってしまった状態です。

こうした偶像への執着から抜け出すには、新しいスキル、つまり精神性を身につけて、新しいライスステージへと移らなくてはなりません。アチャーリャが言うには、この変化は、もう一度大人になるかのような苦痛を伴うかもしれません。それは世間的な意味で私たちを定義するものを手放すことです。言い換えれば、世俗的な見返りを乗り越え、移行を果たし、新しい住期で知恵を見出して、執着という苦悩の種を打破する必要があります。仕事に精を出してきた人なら、その時期はたいてい50歳前後に訪れます。

その新しいステージの名前は？　**林住期**《りんじゅうき》**（ヴァーナプラスタ）**です。サンスクリット語で「森林に」「隠遁《いんとん》する」ことを意味します。このステージでは、過去の公私の義務からきっぱり手を引き、精神性と深い知恵、結晶性知能、教育、信仰にいっそう専念します。別に、完璧な人生を生きるには50歳になったら山奥にこもらないといけない、という意味ではありません。人生の目標を設定し直すべきだ、という意味です。林住期は、第2の曲線を形而上《けいじじょう》的に言い換えたものと考えてください。

しかし林住期は終点ではありません。老齢期に訪れる最後の精神的なステージは、**遊**《ゆ》**行期**《ぎょうき》**（サンニヤーサ）**です。このステージでは、悟りを開くことだけに没頭します。かつてヒンドゥー教の男性のなかには、75歳頃になると文字どおり家族の元を離れ、聖なる誓いを立て、師について老後を祈りと聖典の勉強に費やす人もいました。アチャーリャの言葉を借りると、「自己を悟ったとき、自分は肉体ではなく、自己なのだと分かります。無限の真理であると分かります。その認識、悟りこそが遊行期です」。

75歳になって洞窟でじっとしているのはあなた好みではないかもしれませんが、要点は明確にしておきましょう。人生の最終段階の目標は人生の根源的な秘訣が入った聖杯を飲むことです。しかしそのためには、林住期で生じる哲学的・神学的な問題について学び、その問題に取り組まないといけません。何の準備もなく、いきなり悟りを開けるはずがありません。そんなのは、スポーツ選手としての訓練を受けずにオリンピックに出るようなものです。

このことを、私たちは直感的に理解しているのではないかと思います。つまり、成熟するにつれ、老後が悟りに満ちたものになるように、精神的な成長を追求するべきだ、と。だからこそ、中年になると多くの人がもともとの信仰や新しい信仰に惹かれ、「信仰を深めたい」「信仰を新たにしたい」という思いにかられるのです。

しかしこの変化に全力で抗う人もいます。落ち込みに抵抗し、変化という現実を否定し、形而上的なものへの欲求を遮断します。老後は、車のバックウィンドウから、輝かしい過去が遠のくのを不安げに眺めるばかりで、未来にある新たな見込みと超越した冒険を見ようとしません。あの、飛行機で出会った男性のように。

アチャーリヤにあの男性のことを話しました。アチャーリヤはじっと耳を傾け、しばらく考えてから言いました。「その人は家住期から抜け出せなかったのです。現世の見返りに毒されていました」。アチャーリャは続けました。その男性の自尊心はいまだに、仕事で成功した大昔の思い出から生じているのでしょう。世間からは尊敬され続けているものの、尊敬の源となるスキルはとっくに失われています。今の栄光は過去の栄光の名残にすぎません。男性は林住期を完全に抜かして、精神性を養わなかったため、遊行期という至福にありつけずにいるのです。

この話からは「職業的威信と苦悩の相関法則」に悩む私たちのロードマップが見えてきます。仮に、あなたが積極果敢な弁護士、記者、競争心の強いCEO、あるいは——アチャーリャに出会った当時の私のように——シンクタンクの会長だとしましょう。成人期初期から中年期にかけては、仕事に猛進し、成功の世俗的な見返りを求め、それをいくらか(だいぶ、かもしれませんが)達成し、その見返りに大いに執着することもあるでしょう。でも、「そろそろ引退してもいいか」という気になる前に、そうした業績と見返りから卒業する準備をしなくてはいけません。流動性知能曲線が落ち込みはじめたら、「今やるべきことは抵抗することではない」「抵抗しても、満たされない執着が倍増し、苛立ちが募るだけだ」というサインです。結晶性知能を高め、知恵を活かし、知恵を他者と分かち合うべきときが来たということです。

私たちの世代に一言助言をもらえませんか、とアチャーリャに頼みました。私たちの年代の人たちは、長らく仕事依存症・成功依存症で、特別だけれど幸福ではなく、家住期から抜け出すことに恐怖を覚えているのです、と。アチャーリャはかなりの間を置きました。

「自分を知ることです」と、ついに言葉を発しました。

「それがすべてです。他に答えはありません。他に何をしても、解放されません」

「自分を知るにはどうすれば？」と私は尋ねました。

「自分の中へと分け入るのです。心が研ぎ澄まされれば、あなたを待つ秘宝に気づくでしょう」

歳を経るにつれ信仰が生まれる

中年の過渡期に入ると、宗教と精神性への関心が予想外に高まる人がたくさんいます。信仰、宗教、精神性、超越的なものへの関心は一般的に、成人中期に差しかかると膨らんできます。何とも妙な現象だと思うでしょう。普通、人は歳を取るほど「おとぎ話」的なものに懐疑的になります。10歳を超えれば、ましてや40歳にもなって、イースター・バニーの存在を信じる人はいません。それでも、40代、50代以降に宗教熱がひそかに高まるのは、極めて一般的な現象です。多くの場合、年齢とともに、形而上的なものが本物らしく感じられるようになり、本人にも説明がつかないような変化が起きるのです。

この傾向について解説されているのが、神学者ジェームズ・ファウラーによる1981年の著書『Stages of Faith（信仰発達理論）』です。[*1]何百人かを対象に調査したファイラーの所見によれば、成人の若者の多くは、宗教に見られる性の概念など、恣意《しい》的な概念、時代に逆行する道徳上の概念を嫌悪しています。また、宗教では人生の難問、たとえば「慈愛に満ちた神が存在するのになぜこの世は苦悩だらけなのか」という疑問の説明がつかないことに、幻滅することもあります。

しかし歳を重ねるにつれ、人生は割り切れないことだらけだと気づきはじめます。そうなると、宗教のあいまいさと矛盾を許容できるようになり、信仰や精神性——それが子ども時代からの信仰であろうとなかろうと——の素晴らしさ、超越性が分かるようになるのだと、ファウラーは論じています。その後の研究で、ファウラーは1970年代と1980年代に発見した信仰の発達段階が、現代的展開（一例として、アメリカでは宗教への参加度が下がっています）を経てもなお認められるかを調査しました。その結果、現代でもその信仰の段階は認められました。[*2]

ところが、ストライバーはたいていこの変化に最も無防備です。多くの場合、精神生活にはほとんど、場合によってはまったく、投資してこなかったからです。仕事が上り調子なときは、信仰と精神性はせいぜい「あるに越したことはない」程度のもので、優先されるものではまったくないため、無視されてしまうのです。
しかし、この変化に乗じて信仰を受け入れる人は、信仰から喜ばしい閃《ひらめ》きを得られます。宗教や精神性を重んじる成人は、信仰を持たない人よりも、おおむね幸福でうつ病になりにくいことを示す研究が山ほどあります。[*3] また、このテーマの研究によれば、大人になって信仰を見つける利点は、人生の幸福度が上がることにとどまりません。宗教と精神性は良好な体調にもつながっています。[*4] その一因は、宗教や精神性を探求している人たちに見られる、ある傾向にあるかもしれません。大多数の研究で認められているように、そういう人たちは薬物やアルコールを乱用するリスクが低いのです。[*5]
その理由について、研究者たちは気ままな憶測をし、「礼拝に励むとライフスタイルが健康的になったり、社会的交流が増加したりするためではないか」と指摘することがあります。この分野に何年も関わった私に言わせれば、その指摘は正しいものの、宗教によって幸福度が上がる一番の理由は、そうした間接的な利点よりもずっとシンプルだと思います。超越的な物事に焦点を当てて、相当な時間と労力を注げば、自分という小さな世界が適切な文脈に変換され、自分自身から焦点をそらせます。私たちはほとんど毎日、自分のことばかり考えています。これでは、面白みのない同じテレビ番組を、日がな一日、繰り返し見ているようなものです。退屈としかいいようがありません。信仰を実践すれば、焦点が宇宙へと移り、真理の源、生命の原点、他者の善について考えさせられます。心身が生き返るし、気分転換にもなります。

「この高次元の焦点は、宗教か精神性から得ないとだめなんですか」とよく聞かれます。「たとえば、哲学を追求することで得てもよいのでしょうか」と。それに対する答えは「イエス」です。若者の間で、古代ギリシャの思想、特にエピクロス主義とストア哲学に対する関心が高まっているのは、その好例です。ここ数年、多くの人がエピクロス、セネカ、マルクス・アウレリウスに強い関心を持つようになっています。それも、知的な動機からではなく、そうした思想に意義ある人生の秘訣を見出し、そこから幸福感を得ているのです。

結論を述べましょう。今人生の過渡期にいて、超越的なものに興味が出てきたなら、それはまさに予定どおりです。たとえこれまで精神生活を疎《おろそ》かにしてきたとしても、です。その流れに抵抗しないでください。

私の信仰と私の師

宗教と精神性はデリケートな話題です。個人的なことですし、論争に発展することもあります。サークルなどの社交の場で政治と宗教の議論が禁止されていることが多いのには、理由があります。意見の不一致によって友情が終わり、闘争が始まってしまった経緯があるからです。それに、宗教の議論には不信感がつきまといます。どうしても、高級車を売りつけられている気分になりがちなのです。相手が疑問や意見を公平かつオープンに取り上げずに、改宗をもくろんでいるような気がしてしまいます。私もこの章を除外しようかと迷ったほどです。

こうした問題を回避する手段らしい手段はありませんが、信仰について話すときは、相手が手の内を明かしてくれたほうが助かるものです。相手の素性を知っているだけでも、相手の主張の正当性を評価しやすくなります。相手のもくろみに乗せられるリスクが減ります。

そういうわけで、ここで私自身の信仰歴について話させてください。私は敬虔なプロテスタントの家庭で育ち、10代のときカトリックに改宗しました。信仰の実践方法は両親とは異なったものの、私のキリスト教信仰は両親の生活の中心でもあり、私の生活の中心でもありました。

私はあらゆるものから精神的なインスピレーションを得ています。たとえば、他宗教の研究、数学愛、そして何章か前で、流動性知能曲線から結晶性知能曲線への移行について語るときに欠かせない例として紹介したJ・S・バッハの音楽などです。

バッハの音楽だけでなく、バッハの信仰自体からも刺激を受けています。私人としてのバッハの人生で最も特筆すべきポイントは、キャリアの適応ではなく、神との関係性にあります。バッハ家の聖書は、バッハに日々読み古され、その余白はバッハが記した神への感謝や賛美の言葉で埋まっていました。自筆譜の末尾にはいずれも「Soli Deo gloria（神のみに栄光あれ）」と書き込まれています。バッハは自分の書く一音一音を、聖別された音、神の啓示だと信じ、「私は音符を書かれたとおりに弾くが、その曲を作るのは神だ」と語っていたそうです。作曲する理由を聞かれたときには、簡潔でありながら奥深い答えを返しています。

「あらゆる音楽の狙いと究極の目的は、神の栄光と魂の浄化に他ならない[*6]」

私も自分の仕事の理由を聞かれたら、バッハのように答えたいと思っていました。自分の仕事は神聖なもので、神の栄光と他者への奉仕のためにあるのだ、と。バカげた話に聞こえるかもしれませんが、それこそが、音楽から社会科学へと転向した理由の一つなのです。

妻が信仰を持つに至った道のりは、私とは違いました。妻は宗教と縁のないバルセロナで育ちました（「でも、スペインは信仰の厚い土地柄ですよね」と思ったあなたの認識は遅れています。今のスペインは事実上、ポストキリスト教国です。デンマークとたいして変わりません）。妻は生まれてこの方ほんの数回しかミサに参列したことがありませんでした。信仰心がないどころか、どんな宗派にも――カトリックには特に――強い敵意を抱いていました。結婚してからも、私は教会に通いましたが、妻は同伴しませんでした。子どもが生まれてからは、日曜日の午前中に私が子どもたちと教会に行っている間、妻はのんびりと寝ていました。その状態が長い間続き、私にとって悲しみの種となっていました。「妻は妻で信仰を見つけるかもしれない」という望みにほぼ見切りをつけた頃、突然（のように私には見えました）、妻のなかでカトリックへの関心が芽生えました。何がきっかけだったのか、実際のところは知りません。その後数十年にわたり、教義を実践し、勉強し、身につけるうちに、妻の信仰心は高まりました。信仰は妻の生活の中心となり、私たち夫婦のうち妻のほうが宗教に精通するようになりました。

そして数年前に本書の企画を始めたとき、今度は私自身が信仰心の高まりを感じ、今まで以上に信仰に本腰を入れるようになりました。そうした動機となる背景があって、2018年に南インドの田舎へ逗留したのです。そこでアチャーリャから**林住期**について教わったことで、点が線になり、精神性を探求してきた遍歴、結晶性知能曲線、ものを削ることの3つがつながりました。

アチャーリャに妻エスターの話をしました。30年前、室内楽団でヨーロッパを巡っていたときに妻と出会ったこと。同じ言語は一言も話していないのに、出会ってわずか数時間で恋に落ちたこと。結婚するよう妻を口説くために、ニューヨークでの仕事を辞めてバルセロナに引っ越したこと。アチャーリャからエスターの信仰生活について尋ねられたため、ありのままを伝えました。信仰に目覚めるのは遅かったものの、今では私を高潔な道へと率いてくれています、と。聖書について教えてくれ、私の祈りを助け、一日も欠かさずに私をミサへ連れて行くんです。アチャーリャはしばしば沈思し、淡々と言いました。

「彼女があなたの師です」

ヒンドゥー教の聖典ウッダヴァ・ギーターで、クリシュナ神は説いています。「人生の第3期林住期に入ることを望む者は、平穏な心で森に入るべきである。妻は大人になった息子の元に置いていくこと」。しかし、次のように付け加えています。

「もしくは、妻も連れて行くこと[*7]」

私は後者の選択肢を取ることにします。

深夜に訪問したニコデモ

精神生活を充実させましょうと言われると、果てしない道のりに思えて気が重いかもしれません。何から始めてよいか分からない人もいます。一方で、ストライバーとして自己充足型の人生を送ってきたために、「精神生活に挑戦したい」と認めることさえ嫌がる人もいます。後者の状態を、私は「ニコデモ症候群」と呼んでいます。

ニコデモはファリサイ人で、紀元後初期のパレスチナで絶大な権力を有したサンヘドリンという宗教組織の一員でした。ある夜、不義の密会を果たそうとします。大変危険なことでしたが、どうしても心を抑えられませんでした。連日、他のことはいっさい考えられなかったほどです。これほどまでにニコデモを魅了した相手は、愛人ではなく、それまで見聞きした師たちとはまったく異なる精神の師でした。というのも、その師はしるしと奇跡を起こして見せたどころか、出会ったばかりなのにニコデモのことをよく知っているようだったのです。詩人ヘンリー・ワズワース・ロングフェローは、ニコデモの発言を想像しこう書いています。「悲しいかな、どこまでも／彼は私の心を読むのだ！」[*8]

ニコデモは暗い街路で師を見つけました。師は鋭くも穏やかな表情でニコデモを待っていました。しかし師は言葉を発しません。ファリサイ人が心を打ち明けたのは、そのときです。

「ラビ、わたしどもは、あなたが神のもとから来られた教師であることを知っています。神がともにおられるのでなければ、あなたのなさるようなしるしを、誰も行うことはできないからです」（ヨハネによる福音書3章2節）

その師とは、もちろんナザレのイエスです。ニコデモの同胞であるファリサイ人たちは、何カ月もの間イエスを激しく非難してきました。イエスがファリサイ人の安息日の規則を公然と侮辱し、大胆にもファリサイ人を「偽善者」とののしったためです。ニコデモもイエスを嫌うべきでしたが、神の慈愛に満ちた師のメッセージに魅了されました。その時期はちょうど、ニコデモにとって人生の転機、つまり長年の信仰に疑問を抱きはじめた時期だったからです。

ニコデモは『ヨハネによる福音書』の4章後の章にも登場します。ちょうど、ニコデモがもともとの信仰から、心を奪われた新しい信仰へと移る過渡期が描かれています。ニコデモは異端的な教義を説いたかどでイエスを捕えようとするファリサイ人の一派に属しています。いまだ「体制」側にとどまってはいたものの、あからさまにイエスを擁護し、同僚たちに問いかけます。

「我々の律法によれば、まず本人から事情を聞き、何をしたかを確かめたうえでなければ、判決を下してはならないことになっているではないか」(ヨハネによる福音書7章51節)

予想どおり、仲間のファリサイ人たちはニコデモに食ってかかり、「あなたもガリラヤ出身なのか」(ヨハネによる福音書7章52節)と嘲笑しました。イエスの伝道活動の本拠地であるガリラヤは、国際的なエルサレムに比べ遅れている、現代風に言うなら「フライオーバー・カントリー」(訳注:飛行機で通り過ぎるだけのアメリカ中央部の田舎)だったからです。「よく調べてみなさい。ガリラヤからは預言者の出ないことが分かる」(ヨハネによる福音書7章52節)。ニコデモは窮地に立たされました。共和党の大会で不評な民主党員を擁護する場面(またはその逆の場面)を想像してみれば、ニコデモの立場が少しは分かるでしょう。

イエスを擁護したためにニコデモの立場は危うくなりました。2つの陣営にまたがるなどということは不可能です。ニコデモはどちらを選ぶのでしょうか？　さらに12章読み進めると答えが見つかります。イエスの十字架刑が執行された直後に、もう一度だけ、ニコデモが登場するのです。イエスの処刑を前に逃げ出した多くの弟子たちとは異なり、ニコデモはイエスの遺体を引き取り、「没薬《もつやく》と沈香《じんこう》を混ぜた物を百リトラばかり」（ヨハネによる福音書19章39節）使って、保存処理を施しました。主の死後さえもイエスに献身したことを考えれば、「改心」したことは明らかです。

今日では、ニコデモはカトリックと東方正教会の聖人となり、好奇心の守護聖人という魅力的な地位を獲得しています。信仰の好みにかかわらず、あなたもニコデモの変容から学べることがあるはずです。

進路上の障害物を乗り越える

ニコデモ症候群は壁の一つにすぎません。せっかく精神性を求めても、他の壁にぶつかり、回避する方法を見つけられないと、回れ右して引き返してしまう可能性があります。

特に、まったくの未経験だとそうなりがちです。

❶「none」という自己概念

ニコデモが夜にイエスの元を訪れたのは、密会を目撃されたくなかったからです。権力ある成功者だったニコデモは、自分のそれまでの信念を疑って新しい信念の採用を検討している姿を見られるのが怖かったのです。

生まれて初めて、または何十年かぶりに、宗教心が芽生えてきたという中高年をよく見かけます。でもニコデモと同じで、多くの人はその衝動に困惑し、迷惑がることさえあります。信仰をずっと軽視してきた人や、人生の初期に信仰から遠ざかって「無宗教」もしくは「反宗教」を自認してきた人ならなおさらです。その姿勢を緩めれば、周りから「弱い」とか「当てにならない」と思われるんじゃないかと気になってしまうのです。

さらに、宗教心が芽生えることで、自己概念が揺らいで強烈な違和感を覚えることもあります。心理学者カール・ロジャーズが、人は常に「自分は誰か」という問いの答えを必要としている、と論じたことは有名です。[*9] 私たちは成長し歳を重ねるとともに自己概念を構築します。ロジャーズの定義では、情緒の安定した人は、自己概念が人生経験と一致しています。逆に、情緒不安定な人は、自分の経験を正当に受け止められないために、自己概念をゆがめます。

私たちは自己概念からの逸脱に不安を抱き、抵抗します。思春期が厄介なのはそのためです。10代の若者たちは「自分は誰か」という問いの答えをまったく知らないので、情緒が荒れてしまうのです。また、同じ理屈から、大学から自宅へ初めて戻ってきた若者たちは、親から見ると驚くほど変わっていたりします。

自己概念が揺らぎやすくなるのは思春期だけではありません。その典型と言えるのが、大人になってから、無宗教と宣言していた自己像に疑問を抱きはじめたときです。無宗教者とは、アンケート調査用語で「none《ナン》」と呼ばれる人たちのことで、アメリカ人の5人に1人がこれに該当します。[*10]「none」であることは信仰を見つけるうえで障壁にはならなそうですが（むしろ埋めるべき隙間ですよね？）、実際は、それはこだわりであり、「ユダヤ教徒」とか「仏教徒」と言うのと同じくらい強力なアイデンティティーなのです。「none」という自己概念を変えると混乱するし、プライドも傷つきます。プライドが邪魔して、自己像、自分の信仰、立場に縛られます。「none」というこだわりの姿勢を崩すことは、侮辱的なこと、「自分は弱い人間だ」と宣言することになりかねないからです。私の知り合いには、「宗教や精神性なんてくだらない」と長年宣言し、今になって不倫でもしているかのようにこっそり教会に通っている人たちがいます。まさに夜を狙って訪問をしたニコデモです。

でも今現在「none」という表現が自分にぴったりだからといって、宗教や精神性への間口を狭める必要はありません。大事なことは、自己概念を「none」から「今はnone」、もっといえば「noneだけど聞く耳は持っている」へと、ほんの少しずらすことです。自己理解にわずかな隙が生まれ、絶大な効果をもたらします。今は信仰を持っていなくても、ドアを開放しておく。そうすれば、いつか何かがひょっこり入ってくるかもしれませんよ。

❷ 教会に住むサンタ

子どもが小さかった頃の話です。近所の教会を車で通り過ぎたとき、当時4歳頃だった長男が、「ここにサンタさんが住んでいるの?」と聞きました。その発言は、私たち夫婦を大いに楽しませてくれましたが、実は信仰形成における典型的な問題を浮き彫りにしています。私たちが信仰や精神性に対して抱く第一印象は得てして子どもっぽいものです。その印象は大人になってからも消えません。宗教は、神話と子どもじみたたわごとの寄せ集めで、まともな大人なら相手にしない類《たぐい》のもの、と一蹴されがちなのです。

宗教に反感を持つ人たちは、そういう子ども時代の記憶に訴えることで宗教を批判します。たとえば、2010年、クリスマスが間近に迫ったある日、リンカーントンネル(毎日ニュージャージー州からニューヨーク市へ向かう大勢の通勤者でごった返しています)の入り口にある広告板が目に入りました。描かれていたのは、ベツレヘムへと向かう東方の三博士の影絵。その下には次のような説明書きがありました。

「これが神話だと分かっているそこのあなた、今年は理性を祝いましょう！」

正直に認めると、宗教信者の私でさえ、見た瞬間に大笑いしました。反宗教団体としては実にうまい手を打ったなと思ったからです。しかし、理性的な手ではありません。むしろその逆です。「幼少期に聞いた聖書の話が、大人になった今、何から何まで正確だとは思えないなら、それを真剣に信じるのはやめましょう」と言っているわけで、それは、「幼少期に聞いたおとぎ話のような結婚生活をしてくれない相手とは離婚する」と言うのと同じくらい、理性に反します。それこそ、子どもじみています。

信仰心が高まったときに、幼児期の純真な発想に根拠を求めるのは、大人の対応として適切ではありません。そんなことは、宗教以外では絶対にやらないことです。どうせなら、私たちより賢い人の意見に目を向けましょう。主要な宗教、精神の教え、哲学には、私たちなら一生かけても達しない域の賢人たちの著述が残っています。たとえば、トマス・アクィナスは比類なき天才で、同時に書き上げたと言われる25冊の本は、どれも学問的に優れ、トマスの博学ぶりを表しています。なかでも権威ある代表作『神学大全』は、哲学書の最高傑作で、信仰に対する重大な異論のほぼすべてに解答を示しています。

幼児期の宗教観が愚直だったと認めれば、超越的な真理を、初めて教わったときとは違う、成熟した批判的な視点から探究することができます。そのためには、思い描いていたアニメーション的な解釈から抜け出し、先入観を捨て、学者や高徳な実践者が残した思想や著述に触れてみることです。

❸ 時間による制約

信仰の実践は手間暇がかかります。この問題に回避策はありません。そのため、日常生活のあれこれと競合してしまいます。2時間程度では、宇宙の神髄について深く熟考することはできません。映画を見るのとはわけが違うのです。礼拝に出席すればたちまち、毎週1～2時間の時間を取られます。読書や祈り、瞑想をし、何かしらそこから得ようと思えば、毎日やる必要があります。しかも、どちらも最低限のラインにすぎません。信仰や精神道の上級者がその実践にかける時間は、フィットネスマニアがジムで過ごす時間と変わりません。それくらいやらないと進歩しないし、それくらいやりたいほど、深い充実感が得られるのです。

しかし、少なくとも最初は、それだけの時間を確保するのは相当な負担になります。だから信仰に飢えている多くの人は、いつまで経っても信仰に必要な時間を作らないか、何らかの意義を引き出せるほど信仰に労力をかけません。やるべきことを先送りし続けて、私の高齢の友人（すでに亡くなりました）のように「信仰にまで手が回らなかったことだけが本当に心残りだ」とこぼすことになるのです。

ここでは解決策として、精神の修養を脇役にせず、主役と考えることをお勧めします。

私から「あなたは深刻な健康問題を抱えていて、一日30分の運動と薬の服用が必要です」と言われれば、あなたは私の言うとおりにするでしょう。誰もがそうするとは限りませんが、あなたならそうする、という意味です。なぜ分かるかと言えば、本書をここまで読んできた人で、自己改善に不真面目な人はいないからです。そして、精神の修養は、健康増進と同じくらい重要な自己改善です。その時間をなんとしても確保するために、瞑想、祈り、読書、実践を予定に入れてください。それも、毎日の予定に入れるのです。

超越に歩み入る

たいていの場合、足りないのは一歩を踏み出す口実だけです。生活の均衡をいっとき崩し、新しいものに挑戦するきっかけがあればよいのです。そこで単純な提案があります。散歩をしましょう。

アチャーリャと会ったとき、精神性に対する感覚が鋭くなり、それまで何度インドを訪問しても目に入らなかったものに目が留まりました。大勢の人が、祈りに没頭しながら路上を歩いているのです。聖都のマトゥラー（クリシュナ神の生誕地とされ、現在では5000もの寺院を擁しています）などでは、至る所でそのような姿が見られました。この慣習についてインドの友達に尋ねてみました。「その人たちはヤートリーシュだよ」。つまり巡礼者だそうです。ヒンドゥー教では、「放浪者」（多くは一文無しの乞食）は尊敬されており、巡礼は庶民が精神的に目覚めるうえで核となる活動だと考えられています。

主要な宗教にはほぼ例外なく巡礼があります。さまざまな定義を踏まえて言うなら、巡礼とは、「故郷から聖地を目指して長距離を移動する」、感情や信念を動機とした献身行為です。[*11] イスラム教徒はメッカを、仏教徒はブッダガヤを目指します（仏陀がその木の根元で悟りを開いたとされる、菩提樹の木があるのです）。そしてキリスト教には、スペイン北部を横断する有名な「サンティアゴ・デ・コンポステーラの巡礼路（別名「聖ヤコブの道」）」があります。

私はアチャーリャと会って以来、サンティアゴ・デ・コンポステーラの巡礼路の1週間分を、2度歩いてきました。2回の順路は異なりますが、農村を通り、ローマ時代の街道を越え、使徒聖ヤコブ（スペイン語ではサンティアゴ）が埋葬されたと伝えられるサンティアゴ・デ・コンポステーラ大聖堂まで歩きました。この巡礼路は、9世紀の設立以来、無数の人々を魅了してきました。20世紀に入り廃れたものの、2010年、マーティン・シーンの主演映画『星の旅人たち』の公開をきっかけに、人気となりました。それからというもの、その巡礼路の巡礼者数は一気に増え、2009年の14万5877人から、2019年の34万7578人へと跳ね上がりました。[*12]

その人たちはなぜ巡礼するのでしょう？　1つには、歩くことは優れた運動だからです。それも、健康と幸福を実現するのに特に効果的な運動です。人によってはその巡礼に冒険を期待していて、スペイン政府もその点を積極的に売り込んでいますが、それはいかがなものかと思います。その巡礼に冒険的な要素は皆無です。あなたにとって「スリルを求める行為」が、「1日に何時間も単調な行為を繰り返すこと」を意味するのでない限り。たまに出くわす野犬以外に危険はないし、1日20キロメートルの徒歩に起因する筋肉痛と水ぶくれ以上の大きな困難はありません。

むしろ、スリルの完全な欠如こそがその巡礼路の神髄です。旅の出だしでは、単調と退屈に不慣れな巡礼者は心の叫びに苦しめられます。急ぎの用事が発生しているかもしれないという無数の憶測が飛び交い、道端にWi-Fiの使えるカフェが現れるたびに、立ち寄って外界の状況を確認したくなります。しかし3日過ぎる頃から、その衝動が収まってきてます。歩行によって心身が調和しはじめ、自然な無理のないペースに落ち着きます。歩行が、遅くも早くもない一曲の長い音楽（もちろんアンダンテです）となり、安らぎに包まれます。その巡礼は、多くの宗派に伝わる歩行瞑想という修行の発展形なのです。「一息一息、一歩一歩にマインドフルになると、この素晴らしい星で生きていることを再認識させられます」と禅師ティク・ナット・ハンは説きます。[*13]「他に何もする必要はありません。ただ生きて、呼吸し、一歩を踏み出すだけで、十分に素晴らしいのです」。日本人神学者の小山晃佑は著書『助産婦は神を畏れていたので』にて東洋思想とキリスト教信仰を融合させて次のように述べています。「時速3マイルは、私たちの歩行速度であり、ゆえに神の愛の歩行速度でもあります」[*14]

数日続けると、巡礼の超越的な効果が現れ、知覚の波が押し寄せます。実際、私の体験は、幻覚剤使用者の体験談と大差ありません。たとえば、快楽のランニングマシンからつかの間解放されます。その巡礼路の目的は到達することではなく、歩くことにあるからです。それが「満足とは何か」という謎を解明します。今この瞬間が、未来に到達するために耐えるべき苦闘にすぎなければ、満たされることはありません。その未来が現在になったとき、その瞬間もまた新たな苦闘でしかなくなるため、いつまで経っても有終の美には至らないのです。歩行に集中し、目の前の今を生きることに集中するべきです。

現在に集中すれば、より大きなもの、より良いものばかりに目を向けていると見過ごしてしまう小さな満足感を、現在の一瞬一瞬から得られるようになります。一例を挙げると、ある朝、私たち夫婦は見たこともない奇妙な花を見つけました。青いトケイソウです。トケイソウは南アメリカ原産ですが、現在ではスペインのガリシア州でも繁殖しています。見た目は、宇宙人の触覚のようなものの下に糸状の3色の花弁が広がり、それが完全に左右対称な葉から生えています。私たちはその花に釘づけになり、10分ほど見つめていました。こんな戯れは日常の通勤では起こり得ません。普段なら快楽のランニングマシンに乗って通勤し、トケイソウより文字どおり見劣りするものを求めて走ることになります。

巡礼によって日常の野心を強制的に切り離せば、人生が一時的に適切な規模に修正されます。ダライ・ラマに度々思い出させてもらうことですが、私は「70億人のうちの1人」です。この言葉でダライ・ラマが伝えたいのは、私が取るに足らない存在だとか、他人と何も変わらないということではありません。自分の人生、仕事、人間関係、お金を、狭く低い視野からとらえるのはやめましょう、ということです。これを日常で実践するのは難しいですが、巡礼中なら簡単です。私は歩きながら、自分が70億人の1人であることに思いを馳せます。過去から未来へと続く何百万年もの年表においては、その70億人が存在するのもほんの一時にすぎません。何もかもたいしたことではないと思えてきます。自分の命がくだらないということではなく、世俗の細部にとらわれて形而上的な真実を見失うのはくだらないということです。たとえば、スマートフォンをなくしたとか、車をへこませたなどということは、宇宙の次元から見ればちっぽけなことです。

一歩踏み出すたびに意識するのは目の前の一瞬ですが、一日単位で打ち込むのが理想的な狙いもあります。それが、他者の幸福を祈る、または念じることです。私は個人的な視点から海兵隊の息子ために祈る日もあれば、世界的な視点から貧困と紛争に苦しむ人々のために祈る日もあります。歩行瞑想をすればそれぞれの狙いの対象への愛情と慈悲が湧き、一日の終わりには、それ相応に対処するための具体的な決意が固まります。

最後にもう一つ、忘れてはならない瞑想の効果があります。それが感謝です。いわゆる「感謝の散歩」の効用はこれまでも多くの人が指摘しており、歩きながらポジティブな出来事に意識を向けると感謝の気持ちが増し、幸福を味わいやすくなると言われています。コロナウィルスにより外出制限が敷かれていた間中、私は感謝の散歩を実践し、毎日夕飯後に近所を歩きました。それは同期間中の良い思い出の一つとなり、期せずして2021年の巡礼の予行演習にもなりました。巡礼を始めるとほぼ同時に、感謝の念が湧き上がったのです。家族、信仰、友達、仕事のありがたみ、さらには、冷たい水が飲めること、靴を脱いでくつろげること、ふかふかの枕で寝られることのありがたみに浸りました。

私はこの先何年もかけてあの巡礼体験を消化していくことでしょう。あの巡礼は私の人生における数々の変化と激動を理解する助けとなり、充実した**林住期**へ入るための準備となりました。と、ここまで説明を尽くしてはきましたが、そもそもあの体験は言葉にしがたい体験であり、とても個人的な体験でもあります。「それはあなたの道で、あなた一人だけの道です」とジャラール・ウッディーン・ルーミーは書き残しています。[*15]「一緒に歩く人はいるかもしれませんが、あなたの代わりにその道を歩ける人はいません」。私に言えることはただ一つです。あなたの道を歩き始めれば、あなたは変わります。**林住期**へと一気に近づきます。そのまま、第2の曲線へ歩み入ることになるかもしれません。

「私はこういうタイプ」とか、逆に「私はそういうタイプじゃない」といった具合に、自分のアイデンティティーを固定的で不変的なものと考えていると、人生の多くの可能性を閉ざすことになってしまいます。常に柔軟に自己理解を見直せば、変化し続ける自分にそぐわないパターンにはまらずに済みます。すでにご説明したように、特に信仰に対する姿勢は、年齢とともに変化することが多いのです。その変化をありのままに受け入れて精神生活を充実させれば、第2の曲線へ移りやすくなります。

飛ぶ力

にもかかわらず、なぜそれをためらう人が多いかと言えば、ニコデモと同じで、ずっと自力でがんばってきたのに精神性に頼るとなると、弱くなったような気がするからです。そしてストライバーが目の敵にしているものが1つあるとすれば、それは「弱さ」です。でも本章でお話ししたとおり、精神を深めたいと思うことは弱さではなく、新しい強さであり、結晶性知能曲線に飛び乗るのに必要な力の源です。

強さが弱さに見える例は他にもあります。むしろ、人生はそういうものであふれています。それこそが、第2の曲線へ移るために、次に学ぶべきことです。

第8章

Make Your Weakness Your Strength

弱さを強さに変える

自然体がもたらしてくれるもの

人類史上最も成功した起業家は誰でしょう？　ヘンリー・フォード？　それともスティーブ・ジョブズでしょうか？

私の考えでは、それは断然、タルソスのサウロ、後の聖パウロです。キリスト教徒でない人も、どうか話を最後まで聞いてください。パウロは1世紀にキリストの教えに回心し、メシア信仰を説く巡回伝道者の活動を、理路整然とした神学体系にまとめ上げ、古代世界へ広めました。いわば組織的宗教としてのキリスト教の発明者です。それ以来、キリスト教は2千年の時を経て、20億人以上の信者を擁するまでに成長しました。iPhoneの10億人というユーザー数は素晴らしい数字なんだろうと思います。でも本当に素晴らしいかどうかは、西暦4000年時点でどうなっているかを見て判断するとしましょう。

というわけで、パウロが起業家として成功した秘訣は何だったのでしょうか？　ある手紙から、パウロ自身の言葉を引用しましょう。西暦55年に、コリントにある新興のキリスト教会に宛てて書かれた手紙の一節です。

わたしの身に一つのとげが与えられました。それは、思い上がらないように、わたしを痛めつけるために、サタンから送られた使いです。この使いについて、離れ去らせてくださるように、わたしは三度主に願いました。すると主は、「わたしの恵みはあなたに十分である。力は弱さの中でこそ十分に発揮されるのだ」と言われました。だから、キリストの力がわたしの内に宿るように、むしろ大いに喜んで自分の弱さを誇りましょう。それゆえ、わたしは弱さ、侮辱、窮乏、迫害、そして行き詰まりの状態にあっても、キリストのために満足しています。なぜなら、わたしは弱いときにこそ強いからです。*1

パウロの言う「とげ」が具体的に何を指しているのか、学者たちは長い間頭をひねってきました。一部の学者たちは、とげは一時的な失明のことを指していると考えています。パウロが、ダマスカスへの途上で倒れる有名な場面で、一時的に失明したことと結びつけているのです。その失明が時々再発したのでは、というわけです。これに対し、多くの中世の神学者は別の説を信じていました。パウロを苦しめていたのは聖痕という神秘現象、つまりイエスの受難に深く共鳴した人の手足に現れる十字架刑の傷跡だ、と。また、ユダヤとローマの当局から受けた度重なる迫害を指しているという説もあります。さらには、罪に対する誘惑のことではないかという人もいます。

より近年の分析が『Journal of Neurology（ジャーナル・オブ・ニューロロジー）』誌に掲載されています。そのなかで、神経学者デヴィッド・ランズボローは、パウロを苦しめていたのは側頭葉てんかんの可能性が高いとの仮説を示しています。*2 それなら、パウロが恍惚状態を体験し、手紙に書かれているように「楽園にまで引き上げられ」、幻を見たことに説明がつくというのです。また、ダマスカスへの道中で閃光《せんこう》に打たれ、一時的に目が見えなくなったのも、そのためと考えられます。この状態は全身性けいれんへと進行したはずで、けいれんの症状はサタンに遣わされたとげが刺さっているように思えたに違いない、とランズボローは論じています。

パウロの書き方からすると、初期キリスト教会にいたパウロの信者の大半は、パウロの苦しみがどのようなものであったかを十分承知していたと思われます。パウロはきっとそれについて包み隠さずに何度も語っていて、前述の手紙ではそれ以上の説明は不要と思ったのでしょう。私たちが本当に問うべきことは、パウロがなぜその弱さをあえてまた手紙に記したかです。信者の憐れみや罪悪感を誘うためでしょうか？　そうは思えません。パウロの狙いは明らかに、「明確なビジョンを持つキリストの使徒、偉大なパウロは、欠陥もあれば、死も免れない、弱い人間だ」と示すことにありました。

しかし話はそれで終わりません。その弱さこそが強さの源だとパウロは言っているのです。強い意志と弁舌の才、つまりリーダーに伝統的に求められる強さによって、多数の人をまったく新しい宗教に改宗させ、キリスト教の神学体系の基礎を築いた人間が、です。リーダーシップの鑑《かがみ》のような強さを持ちながらも、自分の本当の強さは苦痛と――ランズボローの仮説が正しければ――体の衰えにあると主張していたのです。

一見、このリーダーシップの教訓は、『鏡の国のアリス』の世界観並みにあべこべです。たいていの人にとっては、好印象を与えるべき相手に自分の落ち込みを宣伝するなんてありえないことで、正気とは思えません。「みなさん、私は病気だし、苦しんでいるし、状況はますます悪化しています！　私の宗教に入りませんか？」なんて、最悪のマーケティングです。それに落ち込みのもとをひけらかすのは、本人から見ても見苦しいものです。だからみんな尋常でない時間と費用をかけて、歳月の経過による衰えを隠そうとします。ボトックスや植毛、見えない補聴器が売れるのには訳があるのです。

ストライバーとして生きながら、「もういいアイデアが浮かばない」「以前のような気力も体力もない」と自慢して回る人はいません。そもそもあなたが本書を手に取ったのも、「弱さと喪失は悪いものだ」という思いがあったからかもしれません。

落ち込みは喪失であり、喪失は悪いものだ。改善するか隠すかの問題で、話すなんてもってのほかじゃないか、と。

でも、そんなことはありません。パウロは正しかったのです。落ち込みを経てもなお「力を増し」、強さを増して進むには、自分の弱さ、つまり喪失や落ち込みが、自他への恵みとなることを認識することが大事です。

弱さを通じて人とつながる

もう何年も前、私には臨床心理士の友人がいました。友人はニューイングランドで開業し、事業は急成長しました。45歳には、憧れていたその職業で一流の地位にまで上り詰めました。しかし1つ問題がありました。昔から1型糖尿病を患っていて、すでに視力を失いかけていたのです（糖尿病では年齢とともに視力障害が生じることは珍しくありません）。最初はその現実をまったく受け入れず、運転もするし、すべてにおいてこれまでどおりの生活を続けると主張しました。差し迫った失明にようやく向き合い、結果として潜在的な悲劇を避けられたのは、近隣住民たちから「あなたの車に郵便受けを倒された」という苦情が出た後のことでした。

その後何年ももがき苦しみ、残酷な運命を与えた神を恨みました。しかしある日、女性から一本の電話がかかってきました。女性はメンタルヘルスの危機に陥っていて、治療を受けたいけれど、訳あって素性を明かせないといいます。事情を聞くと、超有名人で、セラピーさえも匿名で受けたいのだとか。女性が求めていたのは——そして見つけたのは——盲目の心理士だったのです。友人は女性に手を差し伸べ、その流れで、主に同様の治療を希望する有名人向けの事業を確立しました。

友人に必要だったのは、プライドを捨て、弱さをさらけ出すことでした。そうすることで初めて、新たな道で成功できたのです。ベストセラー書『本当の勇気は「弱さ」を認めること』でも同じ主張がされています。著者のブレネー・ブラウンが言うには、本当に幸福と成功を実現したいなら、他者に自分をさらけ出すべきで、壁を作ればむしろ傷つきます。分かりやすく言えば、誰もが知っているように、防御は裏目に出るばかりで、自分のためになりません。本当に目指すべきは**無防備**です。

ただ、私としてはもう一歩踏み込みたいところです。リスクを冒し失敗を厭わないこと、つまりブラウン好みの表現をすれば「果敢に挑戦する」ことは、確かに重要です。でも真の達人は、不可避な失敗、たとえば成功した人生の後に必ず訪れる落ち込みから、人との深いつながりを引き出します。

私はそのことを個人的に、まったく偶然に学びました。すでにお話ししたように、私の学歴はいわば異端で、私は30歳頃に遠隔学習で学位を取得しました。その後大学の教員になりましたが、学歴のことは誰にも話しませんでした。同僚たちはみんな名だたる大学を出ていたので、要するに、恥ずかしかったのです。

10年後、教壇を離れ、ワシントンD.C.にあるシンクタンクの会長になりました。大きなキャリアアップを果たし、当時政治的にも政策的にも議論の的だった、とても目立つ地位に就いたのです。私個人の信用が会社としての成功に影響するため、非伝統的な学部教育をはじめとする自分の経歴の何もかもを、過剰に意識していました。誰もがハーバードやプリンストン出身に思える世界です。誰かが私の履歴書を掲げて「おいみんな、このしょぼい経歴を見てみろよ！」と言い出すんじゃないかと恐れていました。

しかし、実はそんな心配は無用でした。会長になって数年経った頃、マイクロソフトのビル・ゲイツら数名の篤志家が、1万ドルで取得できる学位を創設しようと動きました。いわゆる「10ｋ ＢＡ（1万ドルの学士号）」です。全国の高等教育関係者からは、無価値な案だという非難が相次ぎました。そんな学位が何の役に立つんだ、というのです。このエリート主義者の姿勢に憤り、私はついに過去を告白し、1万ドルで学士号を取得した実体験を『ニューヨーク・タイムズ』紙に寄稿しました。私の受けた教育は極めて良質なものだったし、その学位は私に人生とキャリアを築く機会を与えてくれた、と。

嘲笑の嵐を覚悟しました。いえ、嘲笑どころか、私の地位を脅かすような批判が殺到するかもしれません。でもそうはなりませんでした。代わりに、非伝統的な教育を経て人生を築いた人々から、大量の手紙やメールが届きました。そこには「エリートコースに恵まれたスターではなく、一般的なコースから外れたあなたのような人の話を聞いて、励まされました」と書かれていました。私はその人たちの多くと知り合い、その人たちの体験を記事にしはじめました。非伝統的な教育を公然と擁護するとともに、非伝統的な教育を選んだ、いわば「人生を切り開く起業家」のために声を上げるようになったのです。

この経験から学んだことがあります。私は強さではなく、弱さを見せたからこそ、そうでもしなければ出会わなかったはずの人たちとつながれたのです。その人たちはストライバーで、伝統的な道から外れたアウトサイダーでした。つまり私の同類です。紆余曲折《うよきょくせつ》の身の上話をしていなければ、その誰ともつながることはなかったでしょう。

ですからあなたに伝えたいのは、誰かと深くつながりたいときに、強さや世俗的な成功はあまり役立たないということです。見せるべきは弱さです。もし私が一流大学に行っていれば、箔《はく》はついたかもしれませんが、ほとんどの同類とはつながれなかったでしょう。「エリート」とは、一般の人より卓越しているという意味で、そのような卓越性を手に入れるのは難しいことです。エリートという箔は共感を呼びません。むしろ深いつながりの妨げになります。

この点について、今一度聖パウロの例で考えてみましょう。今の私たちなら、パウロが史上トップクラスの勝ち組であることは容易に理解できます。だからこそ、そんなパウロが落ち込んでいったとは、なかなか思えないでしょう。それでも、パウロ自身はほぼ間違いなく落ち込みを自覚していました。人生が終わる直前には、分裂しかけて見える教会に獄中から手紙を書き、友人たちに見捨てられた、と心境をつづりました。「デマスはこの世を愛し、わたしを見捨ててテサロニケに行ってしまい、クレスケンスはガラテヤに、テトスはダルマティアに行っているからです」と弟子テモテへ書いています。「銅細工人アレクサンドロがわたしをひどく苦しめました。（中略）わたしの最初の弁明のときには、だれも助けてくれず、皆わたしを見捨てました」。唯一の希望はあの世にあったようです。「主はわたしをすべての悪い業から助け出し、天にある御自分の国へ救い入れてくださいます」[*3]。イエスのことは信じていたものの、この世で自分がした仕事は失敗で、忘れられる運命にあると考えていたに違いありません。まさか今日のように、20億人以上の信者を擁することになるとは思っていなかったでしょう。パウロからは、信教に関係なく通用する2つの明白な教訓が得られます。第一に、幾度となく強調してきたとおり、どんな人も、それなりの年齢になれば、流動性知能曲線は落ち込みます。第二に、自分の仕事が将来に与える影響は、正確には知りようがありません。その時になってみないと分からないことです。

しかしそれ以上に重要な教訓があります。信仰を維持する一方で、パウロはこの世の出来事に悲しみを抱いていました。そしてその悲しみこそが、人々を数千年にわたって惹きつけてきたのです。本章の冒頭で、パウロは弱さ、すなわち身に与えられた「とげ」を見せることで人々とつながったとお伝えしました。しかし、キリスト教を、時代を超えて人々を魅了するような人間の心理をついた宗教、平凡な人生のつらさとそれに対する人間の反応を理解した宗教にしたのは、死の直前にパウロが語った悲しみと苦しみだったのです。

このようなことは、パウロの時代では普通ではありませんでした。同世代の哲学者たちはストア哲学者を賞讃、支持していました。ストア哲学が目指したのは、コミュニケーションから苦しみの感情表現を追放することです。[*4] 怒りと悲嘆は無意味で有害な感情で、そう理解できるだけの強さと自制心を身につけている人が賢いとされていました。苦しみは「平然と《ストイックに》」耐えるべきもの、という思想です。それに対し、パウロは「悩みと愁いに満ちた心で、涙ながらに」コリントの教会に手紙を書いたのですから、[*5] 基本的に反ストア派でした。

ここで心に問いかけてみてください。自分はどっちのタイプの人間になりたいだろう？　落ち込みに内心苦しみながらも、表面上は平静を装うタイプか？　それともパウロのように喪失を隠さずに認め、なおも信仰を捨てず、愛の力を信じ、他者に貢献し続けるタイプか？

落ち込みはつらいものですが、当然訪れるものですし、分かち合うべきものです。

弱さ、つらさ、喪失のメリット

私たちの多くの本能には反しますが、無防備になったほうが人生がうまくいくことを示す根拠は跡を絶ちません。例として、研究によれば、看護師が患者に自己開示をすると、看護師は仕事にもっと身が入るし、患者はもっと勇敢かつ治療に積極的になるため、治療結果が向上します。[*6] また、組織のリーダーは、弱さを隠さず人間味にあふれているほうが、幸福で、部下からも有能とみなされます。[*7] 裏を返せば、保身的だったりよそよそしかったりするほど、部下からあまり信頼されず、不幸で、結果として良い成果を上げられない傾向があります。[*8]

さらけ出す内容は、些細《ささい》なものから、身を切られるようにつらい体験まで、さまざまなものがありえます。たとえば、2019年、コメディアンのスティーヴン・コルベアが世間から喝采を浴びたのは、CNNのアンダーソン・クーパーの取材に応じ、飛行機墜落事故について語ったときのことでした。その事故によって、当時10歳だったコルベアは父親と2人の兄弟を失っていました。しかし、コルベアはその事故から「最も起きてほしくなかった出来事を愛する」ことを学んだ、と語ったことがあり、この印象的な発言の補足をクーパーから求められたのです。「存在すること自体が恵まれていて、存在すれば苦しみはつきものです」とクーパーは答えました。「できればあんなことは起きてほしくなかった……でも生きていることをありがたいと思うなら……人生まるごと感謝しないと。あれには感謝するけどこれには感謝しないなんて、えり好みしちゃだめなんです」[*9]

コルベアは見事に心の傷をさらけ出しただけでなく、悲劇から得たものがあると言っているのです。精神科医ヴィクトール・フランクルも名著『夜と霧』で同様のことを述べています。『夜と霧』はナチスによりアウシュビッツ強制収容所に収容されたときの体験を詳細に記録したものです[*10]。「苦しむことが自分の定めだと気づいたとき、人は苦しみを自分の任務、それも唯一かつ独自の任務として受け入れなければならないだろう。たとえ苦しくとも、世界中で自分は自分一人しかいないという事実を認めなければならないだろう。誰も自分の苦しみを和らげられないし、自分に代わって苦しむこともできない。自分で自分の重荷を背負う道に、自分だけのチャンスがある」。つまり、どんなに苦しい状況でも、生きる意味を見つけ成長することは可能だということです。

コルベアとフランクルの考え方は、現在の典型的な考え方に反しています。一般的に、苦しみや弱さは「避けるべきもの」で「禁句」とされています。個人的で、気まずくて、語るにはつらすぎる話題だと思われています。さらには、トラウマになるような出来事、つまり事故や病気などあらゆる類の喪失体験は、つらさや後遺症を引き起こすだけで何のメリットもないし、語れば余計に事態が悪化する、とも。しかし、実際はそうならない場合がほとんどです。苦しみを苦しみで終わらせないためには、コルベアとフランクルが提案しているように、苦しみに**意義**を見出し、その意義を他者と分かち合うことが大事です。

それを華麗にやってのけた人をあなたも見たことがあるでしょう。私もあります。私の大事な友人は、末期がんと診断され、余命1年と宣告されました。もともと心配性で、普段からちょっとしたことでストレスを覚えるタイプだったので、普通に考えれば、その宣告によって生来の憂鬱に拍車がかかりそうでした。しかし真逆のことが起きました。本当の人生を見失っていたことに気づいた友人は、限られた時間と向き合い、これ以上人生を1秒も無駄にするまいと決心したのです。毎日を人生最後の日かもしれないと思って生きる。残された人生がどのようなものであれ、自分らしく、本当に愛するものに全力を注いで生きる。そしてこの気づきを他者と分かち合う、と誓いました。

奇跡的に、生きて1年後を迎えました。さらに1年が経ち、そして20年以上が経ちました。医師からはいつかはがんが再発するだろうと言われていました。なにしろ、病魔というのはしつこいものです。しかし逆にそのおかげで、過去の思考パターンに戻らずに済んだのでしょう。友人は幸福な気持ちで、数十年前に無為な人生から目覚めたことに感謝し、まるで数カ月の余命を楽しむかのような生き方を続けました。去年亡くなったときには――とうとう病魔が再来したのです――愛する家族に囲まれ、穏やかに最期を迎えました。「贈り物のような数十年間」を私たちみんなに見せてくれました。

この展開は多数の定説と相反します。定説の大本にあるのは、フロイトの心理学です。つらい体験や喪失によるトラウマは害にしかならず、トラウマを除去するにはトラウマの悪影響（多くの場合潜在的なもの）を乗り越えなければならない、というのがジークムント・フロイトの考えでした。[*11] もちろん、虐待やPTSDなどに苦しむ人の中には有害なトラウマを抱えている例もたくさん見られます。でもそれは標準的な例ではありません。[*12] 最近の研究ではっきりしているように、ほとんどの人は逆境から立ち直ります。それどころか、喪失やネガティブな出来事を通じて成長するのです。[*13]

また、ネガティブな感情があったほうが、日常活動をうまくこなせます。2009年、『Psychological Review（サイコロジカル・レビュー）』誌に掲載された、進化心理学者ポール・W・アンドリューとJ・アンダーソン・トムソンの論文は、大きな反響を呼びました。人類が進化してもなお悲しみという感情がなくならないのは、認知面でメリットがあるからだというのです。[*14] たとえば、悲しいときは、うぬぼれたりネガティブな真実を取り繕ったりする可能性が下がるため、社会的状況で現実を適切に評価しやすいことが証明されています。それどころか、悲しみがあると、集中力が高まるし、過ちから学ぼうとするため、仕事の生産性も上がる可能性があるといいます。[*15] 失敗は、失敗の結果生じるネガティブな感情によって、のちの成功の可能性を高めるのです。

さらに、心理学界では、人生で特に有意義な体験は非常につらい体験である場合が多いと判明しています。[*16] たとえば、2018年には、ウェスタン・イリノイ大学の2人の心理学者が大学生の集団を対象に調査を行い、自分の受けている教育や人間関係に抱いているポジティブな感情とネガティブな感情、さらに意義を回答してもらいました。[*17] 学生たちは、教育や人間関係は大きな意義をもたらしているが、その代償は高いと答えました。その調査の要約にあるとおり、「意義にはネガティブな情動、そして喪失に対する不安が伴う」のです。

最後に、ネガティブな感情をあえて経験しておくと、本当に危機的な場面でへこたれにくくなります。研究によれば、ストレス免疫訓練、つまり怒りや恐怖、不安を引き起こす刺激に接することでそうした感情の対処法を学ぶ訓練は、感情の回復力を養うのに効果的です。[*18] 逆に、つらさや弱さを日常生活から排除しようとすれば一種の感情アレルギーになりかねず、試練に見舞われて無視できないような苦しみや恐怖を感じたときに、その感情と向き合う術がない状態になってしまうことは、想像に難くありません。

伝説は時に弱さから生まれる

「彼は人生を終える覚悟はできている。彼を引き留めているのは、道徳的に間違ったことをしたくないという思いだけだ」。[*19] 大作曲家ルートヴィヒ・ヴァン・ベートーベンの親友は、英雄の人生が狂いはじめたことについて、そう書きました。

ベートーベンという名は、祖父の名を取ったものです。1712年から1773年まで生きた祖父は、ボン市では卓越した音楽家と考えられていました。その孫も、早くから同様の驚異的な才能を発揮しました。ウィーンで活動していた青年期には、少し前に他界したアマデウス・モーツァルトの音楽の後継者と度々目され、世界的に有名なヨーゼフ・ハイドンや、2人の音楽の巨匠——アントニオ・サリエリとヨハン・アルブレヒツベルガー——に師事したといわれます。

当然、いずれは同時代きっての作曲家に、そして一流のピアニストになると考えられました。野心的な努力により、20歳後半には広くその名を知られていました。

しかし、その数年前から奇妙な耳鳴りに悩まされていました。「この3年間で、聴力がだんだん弱くなっています」と、ベートーベンは、30歳だった1801年に医師宛てに書いています。「劇場ではオーケストラのすぐそばまで寄らないと音楽を理解できません。遠くからだと楽器や歌声の高音が聞こえないのです」。難聴が治ることを期待していましたが、その希望は年々薄れ、本人も周囲の者たちも軽快の見込みはないと悟りました。いずれ聴力は失われる、と。

これ以上残酷な運命があるでしょうか。視力や足の機能を失っても、ピアノ演奏や作曲は可能です。でも耳が聞こえなかったら？　絶望的です。当時最有力だった演奏家・作曲家としてのキャリアが目の前で消えようとしていました（しかもまだ流動性知能曲線がピークのときにです）。これでは、ダビデが自信満々でゴリアテに立ち向かい、一瞬で殺されるようなものです。

だからベートーベンは抵抗しました。わずかに聴力が残っていた間は、ピアノ演奏に固執しました。しかし、演奏は悪化する一方です。鍵盤を強打するためピアノは使い物にならなくなりました。フォルテの部分で鍵盤をたたきすぎ、弦が聞くに堪えない音を立てる」と、友達であり作曲家仲間のルイ・シュポーアは書いています。「あまりに過酷な運命を目の当たりにし、深い悲しみを禁じ得ない」[20]

なんとなく聞き覚えのある話だと思いませんか？　落ち込みに抵抗する人、能力が落ちていく現実を直視しようとしない人を、あなたも見たことがあるのでは？　ピアノを破壊し、聴く者に憐れみをもよおさせる。まさにそれと同じようなことをする人を見たことがありませんか？

この時点で、ベートーベンは悲しい結末を迎えたかのように聞こえます。しかし、実はこの話には続きがあります。難聴がさらに進行すると、ベートーベンはついに演奏をあきらめたものの、作曲を続けられる巧妙な方法を見つけました。口にくわえた鉛筆をピアノの共鳴板に当てたまま演奏することで、ピアノの音色を聞き分けたのです。一部の音を聞き取れた間は、聞き取れない周波数の音を使うのを避けました。２０１１年、オランダの科学者3名が『British Medical Journal（ブリティッシュ・メディカル・ジャーナル）』誌に発表した分析によると、ベートーベンが20代に書いた弦楽四重奏曲では80％を占めていた高音（１５６８ヘルツ以上）が、40代には20％にまで落ちました。[21]

最後の10年間は（亡くなったのは56歳のときです）全聾《ぜんろう》だったため、想像だけで作曲をしました。もはや作曲家としてのキャリアは終わったと思うでしょう？　はずれです。その期間に書かれた音楽は、ベートーベン独自の様式と目されるようになり、音楽を永久に変え、「時代を超える名作曲家」というレガシーをベートーベンに授けたのです。

完全なる無音の世界で、ベートーベンは自分史上最高の弦楽四重奏曲（直近の過去10年よりも高音が多く採用されています）、大曲「ミサ・ソレムニス」、さらにベートーベンの最高傑作との呼び名が高い「交響曲第9番」を書き上げました。そして本人の強い希望により、交響曲第9番の初演を指揮しました（実際には、ベートーベンの背後にもう一人指揮者がいて、オーケストラはそちらの指揮に従っていたのですが）。演奏後、自分の傑作を讃えるスタンディング・オベーションに気づかず、奏者の一人に後ろを向かされると、聴衆がオーケストラ史上最高と思われる作品に拍手喝采していました。ベートーベンの耳が聞こえないことを知っていた聴衆は、帽子やスカーフを宙に投げ、自分たちの熱狂ぶりを目に見えるかたちで伝えたといいます。

控えめに言っても一見直観に反しますが、ベートーベンは自他の音楽を聴く能力に反比例して、作曲家としての独自性と才能を発揮したのです。でもそれも当然のことかもしれません。聴力が落ちるほどに、一般的な作曲様式よりも頭の中で響く音楽に動かされるようになったのですから。ベートーベンの初期の作品は師匠ヨーゼフ・ハイドンの音楽を彷彿とさせます。それはそれで微笑ましいことですが、後期の作品は高い独創性を見せたことから、ベートーベンは今も昔もロマン派音楽の始祖とみなされるまでになりました。「ベートーベンは音楽の新世界を切り開いた」とフランスのロマン派の巨匠エクトル・ベルリオーズは語り、耳の聞こえない作曲家を崇拝していました。「ベートーベンは人間ではない」[*22]

耳が不自由だからこそ芸術の型から解放されたことを、ベートーベンが純粋に感謝していたと考えるのは、あまりにも短絡的でしょう。一流ピアニストという愛するキャリアが犠牲になったのですから、聴力の喪失を惜しみながら死んでいったことは想像がつきます。斬新な作曲様式によって——しかもその音は自分には聞こえないというのに——死後何百年にもわたって真の偉人と評価されることになるとは知らなかったのです。でも、手がかりはつかんでいたかもしれません。

それをほのめかすかのように、「第九」はフリードリヒ・シラー作詞の『歓喜の歌』の合唱によって華々しく幕を閉じます。

………………

歓びよ！　天から散る火花よ（中略）
火花に酔いしれ　足を踏み入れん
聖なる神、あなたの神殿へ

自然体の境地へ

弱さを負そのものととらえるのは誤りです。弱さは誰の身にも、さまざまなかたちで降りかかります。苦しいのは確かですし、喪失も伴います。しかしそれはチャンスでもあります。チャンスを活かせば、他者ともっと深くつながれます。苦しみに神聖さを見出せます。新たな領域で成長し成功することさえできます。弱さを隠すのはやめ、弱さに抗わないでください。

そうすれば、ストライバーの場合はもう1つの（それも、もしかしたら最大の）メリットを得られます。やっと少し自然体になれるのです。自分の弱さに正直に、そして謙虚になれば、ありのままの自分が心地よくなります。弱さを通じて人とつながれば、もっと愛にあふれた人生になります。すると、最後の最後には、「周りから思われているほどすごくない自分」がばれることを気にせずに、自然体でいられるようになります。人の目を気にせずに弱さを分かち合えるというのは、ある意味無敵です。とはいえ、私の提言を実行するのに苦労する読者もいます。これまでの人生で正反対のことを学んできたからです。見せるべきは強さだ、と。弱さを分かち合うことは、「特別なモノ化した自己」に対する究極の下剋上《げこくじょう》ですから、とてつもなく勇気のいることです。戦いを挑まなければ、「特別な自分」のままでいられるのですから。

弱さを受け入れる気になれないなら、まずは、「弱くない」ふりをやめればどれだけ心が安らぐか、想像してみてください。偽りがなく、無防備で、等身大であることを恐れないあなたに、他者が惹かれる様子を思い浮かべてください。その人たちの打ち解けた様子、あなたを信頼しきっている様子を。大きな功績を残しながらも、「もう昔みたいにはできないけどね」と素直に言えるあなたがいることで、周りの人たちはどれだけ勇気づけられることでしょう。あなたのおかげで、幸福感が増し、恐怖心が減るはずです。あなたはというと、何も隠さず、その結果も気にせず、ただありのままの自分でいることで、心身ともにくつろいだ状態です。謙虚でいること、自分らしくあることに、何の無理もありません。ここまでくれば、もう第2の曲線に飛ぶ準備はできています。

それでも、実際に「飛ぶ」という課題は残っています。経験者からいつも教わることですが、飛ぶということは、先の読める快適な世界からきっぱりと離脱し、人生を新たな方向へと踏み出すことです。人生の大きな転換であり、言うまでもなく、転換は困難を極めるかもしれません。ですから、次はその点に、つまり飛ぶことに着目する必要があります。

第９章

Cast into the Falling Tide

引き潮に糸を垂らす

人生とキャリアの過渡期に必要なこと

子どもの頃は釣りに夢中でした。家族に釣りをする人がいたわけではありません。自分で一から始めました。新聞配達のアルバイト代で釣り竿やリールのほか、釣りに必要な道具や本をそろえました。シアトル育ちなので、普段はピュージェット湾で、夏は岩場が続くオレゴンコースト沿いのリンカーンシティの磯で、よく釣りをしたものです。

海釣りは楽しいですが、湖でやる釣りとはまったく勝手が違います。ただ糸を垂らせば釣れるというものではありません。私は初めて海釣りをした11歳のときに、そのことを学びました。数時間岩場から糸を垂らしていましたが、魚は1匹もかかりません。そのうちに、しわくちゃ顔の年老いた釣り人がやってきて、調子はどうだと聞きました。

「全然だめ。1匹も釣れません」

「やり方が間違ってるんだよ。引き潮を待たないと。一気に潮が引くタイミングを」。ピンとこないだろうな、と老人は続けました。水が引いたら魚も沖に出て行ってしまうと思うだろう？　でも、プランクトンや小魚が引き潮でいっせいに巻き上げられると、それを餌にしている魚が興奮して、手当たり次第に嚙みつこうとするのさ。[*1]

私たちは45分間ほど、潮が一気に引くタイミングを待ちました。その時が来ると、老人が言いました。「さあ釣るぞ！」。2人で糸を投げ入れると、狙いどおり、一瞬で引きがあり、次々と魚がかかりました。その状態が30分前後続きました。こんなに楽しいことがあるでしょうか。

釣りを終え、岩の上でくつろいでいると、老人はたばこに火をつけ、哲学めいたことを言い出しました。「いいか。引き潮の時にやっちゃいけないことなんて、一つしかないんだ」

「それは？」

「糸を垂らさないことだ」

本書を書きながら、私は何度もその日のことを思い浮かべました。人生にも引き潮があります。それが流動性知能から結晶性知能への過渡期です。とても充実した、実りの多い時期です――第1の曲線から第2の曲線へと飛び移る。成功依存症と向き合う。人生の無駄を削る。死について考える。人間関係を築く。**林住期（ヴァーナプラスタ）**を始める。

あいにく、人生の引き潮は、ひどく恐ろしい、困難なことでもあります。それどころか、中年の危機のように感じられるかもしれません。まるで、これまでのがんばりの目的がすべて流されていくかのように。チャンスというよりは、悲劇ととらえやすいものかもしれません。

この最終章では、思い切って引き潮に糸を投げ入れ、過渡期に入る方法を学びましょう。人生最大の過渡期は、危機や喪失の時期になるとは限りません。むしろ、これまで知らなかったチャンスに満ちた、心躍る冒険になりえるのです。

リミナリティー

中年の過渡期が困難で恐ろしいことは、今に始まったことではありません。14世紀には、ダンテ・アリギエーリが著書『神曲』で、私たちの多くが感じている恐怖を次のようにうまくまとめています。

人生の道半ばで
ふと気づくと　暗い森の中にいた
まっすぐ伸びていた一本道がなくなっていたのだ[*2]

……………

心理学には、人生の不安定な過渡期を表す言葉として、「リミナリティー」という専門用語が存在します。[*3] リミナリティーとは、仕事上の役割、組織、キャリアパス、人間関係などにおける、各ステージの「狭間《はざま》」を意味します。

ブルース・ファイラーは2020年にリミナリティーをテーマにした一般書『Life Is in the Transitions: Mastering Change at Any Age（人生は過渡期の連続：どの年代でも変

化を乗り越える)』を出版しました。[*4] ファイラー本人に話を聞いたところ、リミナリティーに興味を持ったきっかけは、がんの診断とそれに続く過酷な治療により、死の可能性が現実的になったことにあったそうです。当時は40代。幼い子どもたちもいました。[*5] ファイラーが「ライフクウェイク(人生が揺れる時期)」と名づけたその時期に、ファイラーのものの見方はほぼ一変しましたが、最終的には、人生や仕事に対する理解と感謝の念が深まったといいます。その著書のなかで、ファイラーは何百人もの過渡期を取材し、2つの発見をしました。まず、人生の重大な変化はおおむね1年半ごとに訪れます。さらに、ファイラーのような、キャリアの変化――本人の望みかどうかにかかわらず――を伴うライフクウェイクは、極めて規則的に発生します。変化の大半は本人が望んだことではありませんし、それだけに発生時には歓迎されませんが、変化ほど予測可能なものはありません。

そのことは昔からほとんどの宗派や学派で説かれてきました。ストア哲学者マルクス・アウレリウスは「宇宙とは変化であり、人生とは主観である」との言葉を残しました。[*6] 仏陀も常々、万物は無常(サンスクリット語:anitya)であると語り、「諸行は移り変わり、生滅する性質のもの」と説きました。「変化する」という宇宙の中核的特徴こそ最も人を悩ませるという皮肉に気づき、心の平和を手に入れるには、人生も生命も無常であることを受け入れなければならない、と説いたのです。

無常を悟るための瞑想は多数存在しますが、基本となる型はほとんど同じで、刻々と生じる変化を心静かに見つめ、受け入れます。たとえば、判断を加えることなく、心の移ろいとともに絶え間なく変化する思考や知覚に注目します。呼吸と、できれば脈拍を感じ、細胞の分裂と死滅、髪や爪の成長などの、体感できない変化を思い描きます。目にはできないけれど起きていると分かっている世界の変化について考えます。人々が物事を成し遂げ、生まれては死んでいくこと。地球が太陽の周りを、月が地球の周りを回っていること。無常とは、自然の状態にほかなりません。

妙な話だと思われるのを承知で言うと、終わりの見えないコロナウイルスの大流行により私たちの生活は激変しましたが、そのような大規模な集団的過渡期さえも、昔から周期的に、約10年に一度、発生しています。たとえば、私と同年代の人であれば、地政学を一変させたソビエト連邦の崩壊を覚えているでしょう。その10年後、9・11のテロ事件が発生し、私たちの世界観は大きく変わりました。さらに数年後、金融危機と深刻な不況により、経済と金融システムが様変わりしました。それから10年が経ち、やってきたのがコロナウイルスです。今から10年後にも、望まない激動があることはほぼ確実でしょう――具体的に何が起きるかは、まだ分かりませんが（それが不意打ちとなることは間違いないと思います。その頃も私たちはまだコロナウイルスの流行と金融危機の記憶にとらわれているでしょうから）。

集団の過渡期も確かに困難ですが、それ以上に困難なのが私生活の過渡期です。成人期の狭間に訪れるリミナリティーは特に厄介です。自分が何者か分からなくなってしまうのですから。ある経営学者は言います。

「この時期をうまく抜けられない従業員は、アイデンティティーの不安定な状態が続きます。認知的にも感情的にも喪失にとらわれ、古い自分を手放すこと、(そして/または)新たな働く自分を受け入れることができないまま、停滞してしまうのです」[*7]

キャリアの過渡期にいるある大学教授は、リミナリティーを次のように説明しています。

もう3年間ほど、居場所が定まらないというか……常に宙ぶらりんな感じがします……2つの場所の隙間を埋め、隔たりをなくし、じっと立てるようにがんばってはいるんです。失った自分の軸を見つけよう、両方のボートに片足ずつ乗ってバランスを取ろう、と。[*8]

…………………………

多くの読者にとって、身に覚えのある話ではないでしょうか。私も同じです。シンクタンクの会長として10年間、ワシントンD.C.という政策闘争の渦中で大勢の研究員を束ね、2019年の夏に自主退職しました。業界的には、ほとんど前例のない話です。愛着のある人や仕事から、そして、政治的行為や政策立案に間近に関わる喜びから、私は身を引きました。なぜかって?　本書に関する研究をするなかで、その教訓にきちんと従ったのです（自分で実践していないことを、人に助言できるはずがないでしょう？）。

すべて自分の意志でやったことでしたが、そんなことはたいした慰めにはなりません。退職後2年間は――コロナウィルスの流行も当然相まって――私も妻も方向性を見失い、孤独にさいなまれました。朝目覚め、シンクタンクに行かなくちゃと思ってから、いや、その日々は過去になったんだ、今はメリーランド州ではなくマサチューセッツ州にいるんだ、と思い出すこともありました。奇妙なことに、署名の筆跡も変わった気がしました。まるで別人になりすまそうとしているかのようでした。

楽な過渡期などないだけに、リミナリティーは悩ましいものです。しかし明るい話もあります。望まなかった過渡期さえも、後から見ればたいてい印象が変わるのです。実際、ファイラーの発見によれば、たとえ過渡期に挫折を経験しても、それを乗り越える限り、人は最終的に90％の確率で、過渡期は良い経験になったと報告します。

実は、過去の重大な出来事は、発生当時は望まれない出来事だったとしても、時間が経てば、全体としてはプラスと評価されやすいことが、研究で判明しています。[*9] その原因の1つが、「感情弱化バイアス」です。要するに、不快な感情は愉快な感情よりも薄れるのが早いのです。これは認知の誤りのように聞こえるかもしれませんが、そうではありません。最も過酷な過渡期も含め、ほとんどの過渡期は、何かしら良い結果をもたらします。時間が経てば、それに気づき、貴重な体験だったと思うようになるものなのです。海兵隊に所属する私の息子がその例です。過酷そのものの新兵訓練が終了した翌日は、「あんなことは二度とやろうとは思わない」と言っていました。しかし今では、「アメリカ海兵隊員」の称号を得たその体験を、面白おかしく、楽しそうに、そして誇らしげに語っています。

さらに言えば、人生の目的を最も理解できるのも、困難でつらい過渡期です。ある研究では、意義を見出すには、一時的に不幸になるような、苦労の多いつらい期間が欠かせないと判明しました。[*10] というのも、2013年に、全国から397人の成人を無作為に抽出して調査したところ、「心配、ストレス、不安があると、幸福度は下がるものの、意義は増すという関連が見られ」たのです。

心理学者ロイ・バウマイスターは著書『Meanings of Life（人生の意義）』で、意義を見出せば人生はもっと安定するようだと論じています。逆説的とも言えますが、過渡期の苦しみが人生の意義を生み出し、人生の意義が後続の過渡期に安定感を与えます。[*11] 歳を重ね多くの変化に見舞われるなかで、これは大きな慰めの一つとなります。

しかも、つらい期間は表現活動の生産性を飛躍的に高めます（魚が食いつくのも引き潮のときでしたよね？）。創造的才能と苦悩との高い相関（ジークムント・フロイトの言う「創造的な芸術家の問題」）は、大量の学術論文が指摘しているとおりです。[*12] しかし、なにもシルヴィア・プラスやフィンセント・ファン・ゴッホにならなくても、あなたの人生でそれを小規模なかたちで実感することは可能です。私自身もそれは実感していて、安定感に欠けるときほど、新しいアイデアを探し表現する能力が上昇します。その極めつきが本書で、本書は私の過渡期の結実です。

ラルフ・ウォルドー・エマーソンは書きました。「人は葛藤するために作られたのであって、休むために作られたのではない。人の力は行動にある。ゴールではなく過渡期にいる人が偉大なのだ」[*13]。そのとおりだと思いながら、私はついそれを忘れてしまいます。今でも、目覚めると同時に、ワシントンDC時代の仕事と人間関係が頭に浮かぶことが珍しくありません。それでも寝ぼけ眼《まなこ》をこすってベッドから起き、新しい一日という引き潮に釣り糸を投げ入れています。

中年は必ず「危機」に陥る？

私たちは「中年期に大きな変化が訪れる」と聞くと、危機が起きると解釈しがちです。実際、「中年の危機」（訳注：中年期特有の、不安や葛藤を感じやすい心理状態）という言葉は「中年の大きな変化」の代名詞のように思われています。それを大きく後押ししたのが、1970年代に出版された、作家ゲール・シーヒィの超ベストセラー書『パッセージ：人生の危機』です。この本は500万部を売り上げ、全世代の心をとらえました。シーヒィは115人の男女を詳細に取材し、事例を挙げながら、人生計画や目標の妥当性を問い直す40歳頃に自然と「中年の危機」が訪れると論じました。シーヒィは気づいていませんでしたが、シーヒィが発見した「中年の危機」の正体は、流動性知能の落ちはじめに感じる不安でした。しかし、シーヒィはそれを老いに対する不安だと考えました（40歳ならまだ全然若いだろうに、と思う人のために付け加えると、1970年当時の平均寿命は70歳前後で、子どもを持つ時期もかなり早かったため、40歳といえば子どもが巣立つ時期だったのです）。

シーヒィの事例研究で最も有名なものは、ゼネラル・モーターズの幹部だった鬼才ジョン・デロリアンが1969年に開眼した体験です。きっかけは、ゼネラル・モーターズの前社長を訪問したことにありました。[*14] そこにいたのは、引退した満足げな業界の王者ではなく、抜け殻のような、悲しみと孤独感を漂わせた男でした。男はこれといった目的もなく過去を生きているようで、経営者時代の古き良き日々ばかりを語りたがりました。デロリアンは自分の未来を見た気がして、ひどく動揺します。訪問後、自分に問いかけました。「こんなことをしていていいのか？　お前は機械の一つみたいなものだ。ある日突然、時代遅れの劣化した機械扱いされて、廃棄される。そんなバカな話があるか？[*15]」

それを機に、15年連れ添った妻と離婚し、20歳の新しい妻を迎え、3年後にはその妻と離婚して、さらに若い女性と結婚しました。同時に、18キログラム体重を落とし、髪を染め、顔を整形し、核戦争をテーマとする小説を書きはじめ、若者たちが主導する「新宗教の変容」について記者に語りました。

なかなかの迷走っぷりですが、デロリアンのストーリーはシーヒィの著書ではとても良い具合に幕を閉じます。ただ、その後の10年で、このストーリーはバッドエンドを迎えることになるのです。デロリアンは自分の名を冠する自動車会社を立ち上げました（デロリアン・モーター・カンパニーです。今日では、ヒット映画『バック・トゥ・ザ・フューチャー』に登場する車の製造会社として記憶されています）。しかし、低品質かつ低速な製品が災いし、あっという間に破産寸前に追い込まれます。会社の存続に必要な資金を調達する最終手段として、麻薬取引に手を出しました。そして1982年、57歳のとき、27キログラムのコカインを連邦捜査官に密売しようとして逮捕されたのです。希望も面目も失ったうえ、国民からは冴えないジョークのネタにされました（「自宅前の通りを〝デロリアン〟が走行したと分かるのはなぜ？」「白線《コカイン》が消えているから」。……やれやれ）。挙句の果てに、若い妻に離婚されました。この話を聞いても、あなたはまだ自分が最悪の中年の過渡期にいると思いますか？

デロリアンの迷走と破滅により、中年の過渡期は悪いもので、しかも体の仕組み上避けられないものなのかもしれないという、定番のイメージが強化されました。1971年の『ニューヨーク・タイムズ』紙には、中年の危機にいる男性は「自分の体内で何かが起きていること、身体的変化が感情に影響していることにさえ、気づいていない」との記事が掲載されています。[*16]しかし、シーヒィは男性だけでなく女性も中年の危機を体験すると指摘しました。シーヒィ自身も、中年期に入ったときにこんな体験をしたと書いています。「正体不明の侵入者が現れて、魂を揺さぶり叫んだ。人生の棚卸をしなさい！　生涯の半分が過ぎたのだから」

シーヒィによれば、このような体験は更年期の初期症状と重なりやすいため、「中年の危機は生物学的な現象で、その点は男性も同じではないか」と考える人もいるそうです。

後の研究によって、過渡期は現実に存在し、避けられないものの、危機は避けられると明らかになりました。「中年の危機」という言葉は、実は１９６０年代初期に精神科医エリオット・ジャックスによって作られた言葉です。[*17]皮肉なことに、ジャックスはその説を好んでいませんでした。ジャックスの亡き後、妻が取材に応じ、中年の危機は「ジャックスが残した功績の初期のかけらにすぎず」、ジャックス自身は「20年、30年後になってまでその話題に言及したくないと思っていた」と明かしました。[*18]どうやら、ジャックスは中年の危機が万人に当てはまるという確信を失っていたようで、後の研究によりその疑念が正しかったことが裏づけられました。１９９５年、ウィスコンシン大学の学者たちが「Midlife in the United States: A National Longitudinal Study of Health and Well-Being（アメリカ合衆国における中年期：健康およびウェルビーイングに関する全国規模の縦断的研究)」と題する論文を発表しました。はたしてその結論とは？　研究の主要メンバーである心理学者マーギー・ラックマンによれば、「ほとんどの人は危機を経験しない」そうです。言い換えれば、ほとんどの人は、たとえ仕事やキャリアを変えても、悲劇には陥らないのです。

要するに、「中年になると一時的な狂気にかられ、ジョン・デロリアンになる」と決まっているわけではいません。しかし、成人中期には自然と大きな転機を迎える傾向があることだけは確かです。流動性知能の落ち込みと変化の必要性を感じるからです。そして流動性知能曲線の影に結晶性知能曲線があると知って人生をリセットしようとするとき、リミナリティーが始まります。

それは苦しく恐ろしい道かもしれませんが、破滅に向かうわけではありません。人生の一部の軌道が変わったからといって、配偶者を捨てたり、赤いスポーツカーを買ったりすることにはなりません。むしろその反対で、職業人生をリセットすれば、家族や友達ともっと親しくなれるし、他者に勇気を与えられます。

その有名な事例を歴史から紹介しましょう。時は紀元前458年、主人公は、包囲下にあったローマで独裁官を務めたルキウス・クィンクティウス・キンキンナトゥスです。キンキンナトゥスはローマを勝利に導き、ほんのしばらくは政権を維持しましたが、市が安定を取り戻したのを見届けると、さっさと辞職しました。そして、自分の小さな農園に退き、農業をしながら家族とつつましく暮らしました。もし勝利の後もローマで独裁官を続けていたら、キンキンナトゥスが歴史上の重要人物として今に伝わることはおそらくなかったでしょう。きっと、何年か独裁官として国を支配し、徐々に影響力と人気を失いながらも権力の座にとどまって暗殺された、地味な人物になっていたに違いありません。オハイオ州にキンキンナトゥスの名を取った市が存在することもなかったはずです。一線から去ることを恐れなかったからこそ、キンキンナトゥスは伝説になったのです。

他にも、あまり有名でないものの、私が刺激を受けた事例が1つ2つあります。私の亡父が、幼少期になんとなく不思議に思っていた出来事について語ってくれたことがありました。私の祖父は1893年にデンバーで生まれたメソジスト派の牧師で、ニューメキシコ州にあるナバホ族の保留地で校長を務めていました。父はこの地で生まれました。祖父はみんなから慕われ、仕事も成功していました。目立った問題があったとは思えません。しかし1942年のある日、49歳だった祖父が突然引っ越しを宣言しました。一家で車に荷物を詰め、シカゴへと向かいました。失業したわけでも、新しい職に呼ばれたわけでもありません（捨てる神も拾う神もありゃしません）。とにかく変わりたくて仕方なかったのです。まだ仕事が一般的には自己表現の手段とはみなされなかった時代です。一家の大黒柱が仕事を辞めるのは異例のことでした。当時は第二次世界大戦の最中で、アメリカ経済が大変緊迫していましたから、なおさらでした。

一家はシカゴ郊外に到着しました。祖父は母校ウィートン大学に押しかけて、職をもらいました。多種多様な事務をうまくこなし、10年かけて学生担当事務長にまで昇進し、神学も教えるようになりました。最終的に、大学からは名誉博士号を授与され、年配の卒業生からは今も記憶の中で慕われています。

祖父のリセットは大規模でしたが、中年の危機とはとうてい呼べません。堅実を絵にかいたような祖父は、妻を置き去りにすることも、信仰を見失うことも、スポーツカーを買うこともありませんでした。根本的にデロリアンとは真逆です。純粋に、新しい冒険を求め、成功と他者への貢献を成し遂げたにすぎません。しかも、祖父の結晶性知能をぞんぶんに活かせるキャリアでそれを達成したのです。

祖父はキャリアのリセットを高潔にやってのけたわけで、父はその模範をけっして忘れませんでした。40歳頃、父自身のリセット願望が湧き上がりました。学士号と修士号を取得後、愛する母校で数学を教える夢を叶えた父でしたが、年月が経つにつれ、落ちこぼれていく自分に気づきました。なにしろ、博士号を持っている年下の教員たちが昇進・昇給していくのです。どんどん時代遅れの無用の長物になっていくように感じました。1年ほど悩んだのち、生物統計学の博士号を取得すると決めました。父にとっては初めての分野です。4年間の猛勉強の末に、博士論文として「An Analogue of Multiple R-Square for Uncensored Survival Data with Covariates」を執筆し、出版しました（ゲール・シーヒィの本ほどは売れませんでしたが)。

父が博士号を取得したのは私が14歳のときです。父は若くして、60代半ばで亡くなり、最後は幸福ではありませんでした。だから父を偲ぶときは、キャリアをリセットした直後の、誇らしげで喜びにあふれていた父を思い浮かべることにしています。何が言いたいかと言えば、キャリアのリセットが中年の危機になるとは限りません。コツは、私の祖父や父のようにふるまうことです――ジョン・デロリアンのようにではなく。

モダン・エルダー

祖父や父の時代は、人生のリセットは基本的に自己流でやるものでした。リミナリティーにいる人を助けてくれる人はいませんでした。しかし今はさまざまな支援の手が存在します。その好例がチップ・コンリーの立ち上げた「モダン・エルダー・アカデミー」です。チップ自身もキャリアと人生をリセットした経験があります。その経験はハリウッドの伝記映画に値するほどです。世俗的な成功を達成したのは弱冠27歳、ジョワ・ド・ヴィーヴル・ホスピタリティを設立したときでした。カリフォルニアに拠点を置くこのホテル・レストラン企業を20年以上経営したチップでしたが、40代後半に燃え尽き、現状に我慢できなくなりました。世俗的な成功を収めてきたにもかかわらずです。「もうこれ以上その仕事をやりたいとは思えなかった。まるで牢屋《ろうや》にいる気分だった」と、チップは私に語りました。親友5人の自殺、自身の瀕死《ひんし》体験など、多くの個人的なトラウマがその気持ちに拍車をかけました。

次の仕事の当てもないまま会社を売却し、民泊仲介サイトを運営する新興企業Airbnbの顧問職に就きました。Airbnbの20代の創業者たちに自分が採用されたのは、ホスピタリティ業界の専門知識を買われてのことと思っていましたが、やがて、自分の本当の価値はそこではないと気づきました。実は、チップの売りは、**知識**というよりも**知恵**であり、人生とリーダーシップに関する助言だったのです。創業者たちからは「あなたは私たちにとって、現代の長老《モダン・エルダー》ですよ」と言われました。最初はその呼び方が不快でした。創業者たちより20歳以上年上とはいえ、老人ではないのです（カリフォルニアでは若さがすべてではありますが）。それでも徐々に自分の役割に馴染んでいき、人生の教訓を活かして大きな価値を生み出していることに誇りを感じるようになりました。

そして、その職業に対する強い愛着から、他の人のために同じような機会を創出したいと考えました。リミナリティーにいる同年代の人々のなかには、流動性知能の低下は認識していても結晶性知能の上昇にはうっすらとしか気づいていない人たちが無数にいると分かっていたのです。こうして、モダン・エルダーの役割を定義するという狙いのもと、2

018年、「モダン・エルダー・アカデミー（MEA）」が誕生しました。

チップは1週間に1回、14〜18人のグループをバハ・カリフォルニア州にある海辺の小さなキャンパスへ連れて行きます。これまでの参加者は800人。その平均年齢は53歳で、職業は、製鉄関係、医師、元CEOなど多岐にわたります。参加者に共通しているのは、人生を実りある楽しい方法でリセットしたい、リセットを通じて自分の考えや体験を人のために活かしたい、という願いです。「モダン・エルダー」になるための学びは4段階に分かれています。「硬直マインドセットからしなやかマインドセットへ変わる」、「新しいものを柔軟に受け入れる」、「チームで協働する」、「相談に乗る」、の4つです。

MEAの学習内容のイメージが湧くように、ここでは、終了時に参加者が答えられるようになっていないといけない質問を紹介します。チップが「次の人生の憲章」と名づけたこの質問には、私たちがこれまでの章で得た教訓と類似する点が多数あります。


人生の次の段階で……


続ける活動は何？

進化させやり方を変える活動は？

やめる活動は？

新しく学ぶ活動は？

次の段階を始めるために……

新しい自分に進化するために、来週何をする？

来月何をする？

6カ月以内に何をする？

1年後、それらの行動の結果として表れる最初の成果は何？

チップが参加者にまず伝えることがあります。それは、人生のリセットが、たとえば50歳でのリセットが、遅すぎることなどない、ということです。このことは私たちも忘れないようにしたいものです。考えてもみてください。成人期が始まるのは20歳前後です。それなりの健康体であれば、50歳は成人期の半分も消化していないことになるはずです。本書を出版するとき、私は57歳です。保険統計表に、私のライフスタイルと現在の健康状態を加味して考えると（ただし両親が短命だったことは計算に入れません）、私は55％の確率であと40年も生きられるし、その大半は現役期間になるでしょう。つまりどういうことか？　この状態で、リセットするには遅すぎると考えるなら、私はどうかしています。

良いリミナリティーを迎えるための4つの教訓

本書が書き上がる直前に、まったく面識のない相手からメールが届きました。そのメールには、これまで私が見たどの事例にも劣らないほど、ストライバーの呪いが凝縮されていました。

……………………

私は今50歳を過ぎ、この30年間たった1つの目標（仕事の成功）を追いかけてきたことを、深く、計り知れないほど後悔しています。目標は達成しましたが、私生活の代償はとてつもなく大きいものでした。過ぎ去った30年間は取り戻せません。失った人間関係も、逃したライフイベントも、もうやり直せないのです。

……………………

キャリアと人生を大きく変える覚悟だと、そこには書かれていました。しかし……

キャリアを大きく変えるのに必要なスキルが私にはほとんどないんです。仕事と無関係なスキルはとっくになまってしまいました。毎日のように考えています。金融業界の稼ぎのいい要職をすぐにでも辞め、原点に戻るべきだと。もっと意義のある（かつ時間を浪費しない）仕事をし、人間関係やボランティア活動、旅行に重きを置き、人のために時間を使い、鳥のさえずりを聞いたり、花を育てたりしたほうがいいと。でもそんな道を選ぶのは浅はかだ、そもそもその道でうまくやっていけるスキルがないじゃないか、とも思うんです。

……………………………

この男性の場合は、バハ・カリフォルニア州でチップ・コンリーとともに1週間過ごすのが堅実でしょう。もっと言えば、仕事のリセットに特化したプログラムは世界中に広がりつつあるので、なにもMEAでなくても構いません。ただ、プログラムの受講は多くの人にとっては現実的ではありません。そこで、ここからは、私の知る限り最良の研究と最善の手法に基づいて、リセットに取りかかるための具体的な教訓をお伝えします。

教訓❶　マシュマロを見極める

「自分のマシュマロを見つけよう」と言われると、60年代に流行った隠語か何かで、「違法薬物をやろう」「コミューンに入ろう」などの意味に聞こえるかもしれません。が、もちろん私が言いたいのはそういうことではありません。この言葉は、古典的な社会科学の実験に由来しています。[*19]

1972年、スタンフォード大学の社会心理学者ウォルター・ミシェルが、未就学児を対象に、一袋のマシュマロを用いた心理学の実験を行いました。ミシェルは子どもの向かい側に座り、マシュマロを1つ取り出して「これが欲しいかい?」と尋ねます。欲しいに決まっています。これは君のものだと伝えます。しかし、これには裏があります。この後ミシェルは15分部屋を離れることになっています。その間に、子どもは食べたければそのマシュマロを食べられます。しかし、ミシェルが戻ってきたときにそのマシュマロが残っていれば、子どもはもう1つマシュマロをもらえるのです。

ミシェルが部屋を出ると、大多数の子どもは我慢できず、マシュマロをむさぼりました。引き続き、実験に参加した子どもたちを追跡調査したところ、報酬を先延ばしできた子どものほうが、大きくなってから成功していました。健康、幸福、収入、大学進学適性試験の点数のすべてにおいて、マシュマロを食べてしまった子どもよりも勝っていたのです。[*20]その後、他の研究者たちから挙がった指摘によると、ミシェルの実験結果は意志力単体の問題とは言いがたく、家庭環境、社会経済的状況などの要因も関係しています。それでも、その実験の意味することは変わりません。[*21]待つ人、がんばる人、犠牲を払う人、場合によっては苦しむ人には、良いことがあるのです。

あなただったらこの「マシュマロテスト」を通過できたと思いますか、と問いたいわけではありません。通過できない人なら、わざわざ本書を読んだりしなかったでしょう。通過できない人ならたいした成功を収めなかったはずで、たいした成功を収めなければ今これほど苦しんでいないはずですから。リセットをする今問うべきなのは、次のマシュマロは具体的に何かです。新しい犠牲を払うにあたって、自分が何を求めているのか、分かっていますか？

頭を掻きむしっているそこのあなたも、あきらめる必要はありません。その問いを解決するのが、次の3つの教訓です。

教訓❷ 今やっている仕事が報酬になる

キャリアを積むうえで犯しがちな大きな過ちの一つは、仕事を主に目的達成の手段とみなすことです。あなたもこれまでずっとそうだったかもしれません。もしそうなら、あなたがやってきたことは、多くの人が流動性知能曲線にいるときにやり、過ちだったと気づいてやめようとしていることです。目的がお金であれ、権力であれ、威信であれ、仕事が手段と化せば、不幸が待っています。

これは「目的地にさえ着けば幸福になると考えるのは間違いだ」という、より普遍的な真実の一例にすぎません。1841年のエッセイ『自己信頼』にて、ラルフ・ウォルドー・エマーソンは次のように書いています。

「家にいるときは夢が膨らむ。ナポリやローマに行けば、美しいものに陶酔し、悲しみを忘れられるんじゃないか、と。荷造りをし、友達と抱擁を交わして、海を渡り、ついにナポリに着いて目を覚ますと、厳しい現実が横たわっている。置いてきたはずの、悲しい自分が、衰えもせず何一つ変わらずにそこにあるのだ[*22]」

他の章でもさんざん解説してきたとおり、キャリアが単なる目的達成の手段であれば、たとえ見返りを手にしても満足できません。すでに次の見返りに目が向いているでしょうから。この過ちを犯したことがあるなら、過去のことは仕方ないにしても、今後は同じ過ちを繰り返さないでください。もちろん、リセットしたからといって、楽しくて充実した日ばかりとはいかないでしょう。でも正しい目標を掲げれば、つまり成功して他者に貢献することを目指せば、残りのキャリアは、キャリアそのものが報酬になるのです。

教訓❸ 自分にできることのなかで、最も興味のあることをやる

私はこれまでたくさんの卒業式に耐えてきた結果、卒業式のスピーチが基本的に2種類に分けられることに気づきました。1つは「仕事の意義を見つけなさい」タイプ。もう1つは「心から楽しめる仕事を見つけなさい」。そうすれば、生涯一日たりとも働いているとは感じないでしょう」タイプです。卒業生に限らず、万人にとって、どちらの助言のほうが適切なのでしょう?

2017年、ドイツとアメリカの学者グループがその答えを追いました。「仕事の情熱

追求に関する質問票」を開発し、仕事に主に楽しさを求めている人の満足感と、主に意義を求めている人の満足感を比較したのです。[*23] 調査対象者１３５７人の回答を分析すると、楽しさを追求する人は、意義を追求する人に比べると、仕事に情熱を持っておらず、頻繁に転職していました。

この調査は、昔から繰り返されてきた論争のほんの一例にすぎません。というのも、幸福は2種類存在し、学者たちはそれぞれを「**ヘドニア**」「**エウダイモニア**」と呼び分けています。**ヘドニア**は快感を覚える幸福。**エウダイモニア**は意義ある人生を送る幸福です。実際は、どちらも必要です。**ヘドニア**があっても**エウダイモニア**がなければ空虚な快楽しか得られないし、**エウダイモニア**があっても**ヘドニア**がなければ退屈です。仕事におけるマシュマロを見つけるには、楽しさと意義を両立できる仕事を探すべきだと思います。

楽しさと意義の重なる領域が**興味**です。多くの神経科学者の見解によれば、興味は大脳辺縁系で処理される、ポジティブな基本感情です。[*24] 本当に興味を引くものは強い快感をもたらします。そして、意義のないものに興味を持ち続けることはできません。ですから、「この仕事に心から興味を引かれるか？」と問いかけると、新しい活動が自分のマシュマロかどうかを測る有効なリトマス試験紙になります。

教訓❹ キャリアの軌跡は直線でなくてもいい

私たちの生きる文化は成功を極端に崇拝するため、多くの人が成功依存症に陥っています。なにしろ、テック系スタートアップの創業者たちが20代で巨万の富を手に入れ、決まったパターンの伝説を残します。真偽はともかく、大成功する起業家は一つのことに飽くなき情熱を燃やし、そのためなら私生活をいくらでも犠牲にする人物として描かれがちなのです。そうやって手にした莫大な世俗的見返りは、究極のマシュマロとされています。

しかしこの手の話をいくら追っても、幸福で満足している多くの――そしてほとんどの、と言ってよいでしょうが――人々がどうやって生き抜き、成功したかは見えてきません。南カリフォルニア大学の学者たちはキャリアパターンを調査してきた結果、4つの大まかな分類を発見しました。[*25] 1つ目は「直線型キャリア」で、実績や学びを一つ一つ積み上げながら、着々と出世していくタイプです。「会社の出世街道」はまさに直線型キャリアです。億万長者の起業家たちもこのパターンに当てはまります。

しかしキャリアパターンは直線型だけではありません。他に3つあります。「定常型キャリア」は、1つの職にとどまり、専門知識や技能を極めます。「移動型キャリア」は職や業界を転々としながら、新しい挑戦の対象を探します。最後に、「らせん型キャリア」は、小さなキャリアの積み重ねともいえるもので、ある職業でそれなりに経験を積み成長したら、単に目新しさを求めるのではなく、前職のスキルを活かせる仕事を求めて、別の分野に転向します。

はたしてどのパターンが最善なのでしょうか？　あなたはこれまで超直線型のキャリアを送ってきたかもしれませんし、それはそれで構いません。でも、第2の曲線に移ろうとしている今は、らせん型キャリアのほうが適しているでしょう。具体的には、過去に求めていたものではなく、今本当に求めているものについて考える。金銭的な報酬に対する期待を下げる。周りから「威信が下がった」「過去の経験やスキルを分かりやすいかたちで活かしていない」と思われることを恐れないということです。言い換えれば、ヘッジファンドの経営を辞めて、中学校で歴史を教えるのがその例であり、それは素晴らしいことなのです。

飛ぶ

昔、家族旅行でハワイに行った際、ハワイ島を自転車で周遊し、各地で観光やさまざまな冒険をしました。ある日の午後は、カヤックに乗りました。もう一組の家族とともに、「世界の終わり」と呼ばれる9メートルの断崖へ着くと、10代の若者たちが崖下の波しぶきに飛び込んでいました。私のグループにいた大人が言いました。「誰か飛び込んでみませんか？」。誰も首を縦に振らないので、私が名乗りを上げました。溶岩石でできた崖に上って下を覗くと、水面まで1、2キロメートルはありそうに見えます。めまいと同時に、「これはまずいぞ、だいぶまずいぞ……」という言葉が脳内で渦巻きました。おずおずと隣の青年に目をやります。明らかに飛び慣れた様子です。青年はニッと笑いました。

「考えないで。飛ぶんだ！」

だからそのとおりにしました。直後に着水し（そりゃ痛かったですよ）、数秒後、水面に浮上しました。頭が水から出た瞬間、生まれ変わったような感覚がありました。

チベット仏教では「バルド」という、死んでから生まれ変わるまでの状態を指す概念が存在します。『チベットの生と死の書』にて、仏教僧ソギャル・リンポチェは、バルドを「断崖のふちから一歩踏み出す瞬間のような」あり方、と説明しています。[*26] 自由になるには飛ばなくてはいけないと分かっていても、飛ぶのは怖い。それでも飛べば、つかの間の過渡期を経て、あなたは生まれ変わるのです。

シンクタンクの会長を辞めたときは、死に直面するのに近い感覚を覚えました。それは、ライフスタイル全体の、会長として得た経験の、そして——はっきりと自覚していたとおり——人間関係の、終わりでした。本書の読者の多くは、私の言わんとすることをよく分かっています。あなたはおそらく、自分の仕事を愛してはいないでしょう。全盛期を過ぎて悩んでいたのならなおさらです。あなたの仕事は、ぎすぎすした結婚生活のようなものだったでしょう。しかしそれでも、離職するとなると、死や離婚を迎えるかのような気分になります。まるで断崖のふちに立っているかのような気分に。あなたは今持っているものを、これまで築いてきたものを、「私は誰か?」という問いの答えとなる職業人生を、手放そうとしています。それは職業的な死であり、生まれ変わりの先は不確かです。断崖を見渡しながら、分からずにいます。待ち受けるものが全体として喜びをもたらすのか、苦しみをもたらすのか――いや最も可能性が高いのは――その両方か。

でも分かっているのです。やらなくてはいけないと。だから、

考えないで。飛ぶんだ。

おわりに

3行の法則

本書は夜行便の中で幕を開けました。あなたには私と一緒に聞き耳を立ててもらい、世俗的な偉業を成し遂げた年配男性が、もう死んだも同然だとこぼすのを聞きました。男性の能力は衰えていました。生きていても苛立ちと不満ばかりが募ります。もう誰も以前のようには気にかけてくれません。まるで、もともと本気で気にかけたことなどなかったかのように。

あの体験はかなりこたえました。だから私は私的に研究を立ち上げ、自分も男性と同じ運命をたどるしかないのか、それを避ける手立てがないのかを探りました。その結果、人生を大きく変えるに至りました。辞職し、リミナリティーへ飛び込み、結晶性知能に焦点を当てた仕事へ移り、執着を削りました。友達や家族との関係をはぐくみ、精神生活を充実させました。自分をモノ化せずに弱さをさらけ出すと誓うことで、新たな天職をはっきり自覚し、それに打ち込んで他者に貢献することができました。

すべては簡単なことでも自然なことでもありませんでした。私のストライバーとしての衝動に反していました。だから今では、自然の流れにすべてをゆだねるのは間違いだと、あらためて確信しています。幸福になりたければ、自然な本能と戦わなくてはならないときもあるのです。

そう思えない人もいることは分かっています。お金、権力、快楽、威信を求める世俗的な衝動は、大昔に大脳辺縁系に組み込まれたものです。幸福や満足に対する欲求も、本能的なものです。そしてその2つをうっかり結びつけてしまいます。「衝動があるのだから、衝動に従えば幸福になれるはずだ」と。

しかしそれは、母なる自然にもてあそばれているだけです。母なる自然は、あなたの幸不幸まで考えているわけではありません。あなたが次世代へ命をつなぐこととウェルビーイングを混同しているなら、それは母なる自然の問題ではなく、あなた自身の問題です。しかも母なる自然の「役に立つ馬鹿（useful idiot）」が、「やりたいなら、やればいい」という人生を台無しにする定番の助言を拡散するせいで、問題が余計に悪化します。

歳を重ねながら「力を増し」、強さを増して進むには、生きるための新たなスキルを身につけなくてはいけません。本書で章を追って詳細に説明してきた新しい方程式を使うのです。とはいえ、言うまでもなく、最後の6万ワードを暗記するのは非現実的です。そこで本書全体を3行に要約させてください。この3行は、私がこれまでに学び、今実践に励んでいる、すべての教訓を凝縮させた成功法則です。

モノを使い
人を愛し
神をあがめよ

誤解のないように言っておくと、俗世を疎み、ヒマラヤの洞窟で隠者のように生きなさいという意味ではありません。俗世の物質的な豊かさは悪いことでも恥ずかしいことでもないし、楽しんでしかるべきものです。日々の糧となるもの、同胞を貧困から救う手段になるものです。私たちの創造性と労働のたまものであり、平凡な日々の慰めと喜びにもなります。

問題は、**モノ**という名詞ではなく、**愛する**という動詞です。モノは使うもので、愛するものではありません。本書で覚えておくべき教訓を一つだけ挙げるとすれば、それは、幸福はすべて愛から生まれるということです。同じことを、西暦400年頃、偉大なる聖アウグスティヌスは良い人生の秘訣として簡潔な言葉で表しました。「愛せ。その愛に従って行動せよ[*1]」

しかし愛は人に向けるものであり、モノに向けるものではありません。愛の矛先を間違えれば、苛立ちと徒労を招きます。快楽のランニングマシンに乗り、速度を超高速に設定することになります。

愛を一段高めると崇拝になります。作家デヴィッド・フォスター・ウォレスはかつて鋭い発言をしました。「崇拝しないことはありえません。誰もが崇拝します。選べることはただ一つ、何を崇拝するかです」[*2]。モノを愛せば、お金、権力、快楽、威信というあらゆる偶像のために自己モノ化しようと躍起になるでしょう。自分を――少なくとも2次元の自分の切り出しを――崇拝するでしょう。

繰り返しになりますが、それが、幸福をもたらすと世間が断言する行為です。しかし世間は嘘をついています。偶像では幸福になれません。だから自分を崇拝してはいけません。偶像に関しては、『申命記』にあるモーセの戒律を心に刻んでください。

「あなたのなすべきことは、彼らの祭壇を倒し、石柱を砕き、アシェラの像を粉々にし、偶像を火で焼き払うことである」[*3]

その方法は本書でお伝えしました。でも、決断するのはあなたです。

飛行機の男性は今

本書を締めくくろうとして思いついたのですが、あの飛行機の男性はどうなったんだろうと思っている人がいるかもしれませんね。

あの男性は相変わらずの有名人で、頻度は年々下がってきてはいますが、時々ニュースに登場します。かなりの高齢です。最初の頃はニュースで男性を見るたびに、憐れみのような感情が心をかすめたものです。ただ、今にして思えば、それは私自身の未来に抱いた恐怖心が屈折したものにすぎませんでした。「憐れな人だな」という思いには「このままじゃまずい」という本心が隠れていたのです。

しかし、正しい成功法則と、本書でお伝えした教訓を悟るにつれ、恐怖心は消えていきました。だから、本書の謝辞には絶対に男性の名を挙げようと考えていました。意図的ではなかったとはいえ、大事なことに気づかせてくれた男性は、感謝している相手の一人です。男性がいたからこそ、私は新たな一歩を踏み出しました。まず、人生の多くの「勝者」たちが陥る窮状、つまり私もいずれ確実に陥る窮状の原因を、調査で明らかにしました。次に、人生の一連の変革に着手しました。どれも男性に会わなければすることがなかったはずの変革です。最後に、変革を達成する秘訣を本書にまとめ、あなたに伝えることができました。

本当に、飛行機の男性には感謝せずにはいられません。私に残された人生があと2年か40年かは分かりませんが、幸福で満ち足りた人生を送れるようになったのですから。男性の素性は明かさず墓場まで持っていきます。でも、男性のことを考えない日はないでしょう。最期を迎える前に、男性が安らぎと喜びに満たされることを願っています。

そして、あなたもそうなることを。

どうか、「力を増し」、強さを増して進んでいけますように。

謝辞

本書に誤りや手抜かりがあった場合、その責任には私一人にあります。しかし本書の製作はとうてい一人でできることではありませんでした。本書を実現できたのは、調査助手リース・ブラウンのおかげであり、セシ・ギャログリー、キャンディス・ゲイル、モリー・グレイザー、リズ・フィールズのチームワークとサポートのおかげでもあります。周りにいるこうした方々の日々の努力があるからこそ、幸福の技術と科学を新しい聴衆に届けることができます。

閃きとアイデアを授けてくれたという意味では、ハーバード・ケネディ・スクールとハーバード・ビジネス・スクールの同僚たちに感謝します。特にレン・シュレシンジャーは、私が本書について語るのを、3年近い間、文句ひとつ言わずに聞いてくれました。また、偉大な同校を率いるダグ・エルメンドルフ、ニティン・ノーリア、スリカント・ダタールは、ハーバードにおける私の創造的な研究活動を変わらず支援してくれています。そして私の「リーダーシップと幸福」の授業を履修しているＭＢＡの学生たちは刺激的な存在で、何歳だろうと幸福になれるし、その幸福は共有できるということを再認識させてくれました。

本書全体を通して私を励まし指導してくれた、ポートフォリオの編集者ブリア・サンドフォード、クリエイティブ・アーティスツ・エージェンシーの著作権代理人アンソニー・マッテロ、レッド・ライト・PRのジェン・フィリップス・ジョンソンとそのチーム一同にもお世話になりました。

本書を作り上げたアイデアの多くと、いくつかの一節はもともと、2019年から2020年に『ワシントン・ポスト』紙のコラムとして、それ以降は『アトランティック』誌のコラム「人生の築き方」として連載されていたものです。『ワシントン・ポスト』紙の編集者マーク・ラスウェル、フレッド・ハイアット、そして『アトランティック』誌のレイチェル・ガットマン、ジェフ・ゴールドバーグ、ジュリー・ベック、エナ・アルバラード＝エステリエルに感謝します。チップ・コンリーの著作は新鮮な気づきをもたらし、本書の多くのアイデアの源となりました。その他多数の方々が（ほとんどは匿名となっていますが）個人的な体験談を提供してくださったことも、大変ありがたいことでした。

友人でもあり、私の仕事の支援者でもあるダン・ダニエッロ、タリー・フリードマン、エリック・シュミット、ラベネル・カリー、バリー・サイド、そしてレガタム研究所の友人たち、特にクリストファー・チャンドラー、アラン・マコーミック、フィリッパ・ストラウド、マーク・ストールソン、フィリップ・ヴァシリオウへの恩は忘れません。

また、本書は数々の精神の師から直接的・間接的に影響を受けました。まず、テンジン・ギャツォ、すなわちダライ・ラマ法王。私の思想の大部分は、法王から9年にわたり受けている指導と、共同執筆によって形成されました。そして、ロバート・バロン司教。司教の助けがあったからこそ、人生と仕事に対する理解が深まりました。

最後に、30年以上連れ添っている妻、エスター・ムント＝ブルックス。これまでの人生で、エスターほど、万人への愛と思いやりを態度と行動によって教えてくれた人はいません。エスターは私の師であり、本書はエスターに捧げます。

archive/2014/09/what-the-marshmallow-test-really-teaches-about-self-control/380673.

22. Emerson, R. (1979). *The Collected Works of Ralph Waldo Emerson: Vol. 2. Essays: First Series* (J. Carr, A. Ferguson, and J. Slater, eds.). Cambridge, MA: Belknap Press of Harvard University Press.『エマソン論文集』全2冊、エマソン著、酒本雅之訳、岩波書店、1972年。

23. Jachimowicz, Jon, To, Christopher, Menges, Jochen, and Akinola, Modupe. (2017). "Igniting Passion from Within: How Lay Beliefs Guide the Pursuit of Work Passion and Influence Turnover." PsyArXiv, December 7, 2017. doi:10.31234/osf.io/qj6y9.

24. Izard, C. (n.d.). "Emotion Theory and Research: Highlights, Unanswered Questions, and Emerging Issues." *Annual Review of Psychology, 60*(1), 1-25.

25. Patz, Alan L., Milliman, John, and Driver, Michael John. (1991). "Career Concepts and Total Enterprise Simulation Performance." *Developments in Business Simulation & Experiential Exercises*, 18.

26. Gaffney, P., and Harvey, A. (1992). *The Tibetan Book of Living and Dying* (1st ed.). San Francisco: Harper San Francisco.『チベットの生と死の書』ソギャル・リンポチェ著、大迫正弘、三浦順子訳、講談社、2010年。

おわりに

1. Graves, Dan. "Augustine's Love Sermon." Christian History Institute website. https://christianhistoryinstitute.org/study/module/augustine.

2. Wallace, David Foster. (2009). *This Is Water: Some Thoughts, Delivered on a Significant Occasion, About Living a Compassionate Life* (1st ed.). New York: Little, Brown.『これは水です――思いやりのある生きかたについて大切な機会に少し考えてみたこと』デヴィッド・フォスター・ウォレス著、阿部重夫訳、田畑書店、2018年。

3. Deuteronomy 7:5 (NASB). 申命記7章5節（日本聖書協会 『聖書 新共同訳』）。

9. Walker, W. Richard, Skowronski, John J., and Thompson, Charles P. (2003). "Life Is Pleasant-and Memory Helps to Keep It That Way." *Review of General Psychology, 7*(2), 203-10.

10. Baumeister, Roy F., Vohs, Kathleen D., Aaker, Jennifer and Garbinsky, Emily N. (2013). "Some Key Differences Between a Happy Life and a Meaningful Life." *The Journal of Positive Psychology*, 8(6), 505-16.

11. Baumeister, R. (1991). *Meanings of Life*. New York: Guilford Press.

12. Andreasen, N. C. (2008). "The Relationship Between Creativity and Mood Disorders." *Dialogues in Clinical Neuroscience, 10*(2), 251-55; Garcia, E. E. (2004). "Rachmaninoff and Scriabin: Creativity and Suffering in Talent and Genius." *The Psychoanalytic Review, 91*(3), 423-42.

13. Emerson, R. W. (2001). *The Later Lectures of Ralph Waldo Emerson, 1843-1871: Vol. 1. 1843-1854* (Bosco and J. Myerson, eds.). Athens: University of Georgia Oxford Scholarly Editions Online (2018). doi:10.1093/actrade/9780820334622.book.1.

14. Sheehy, G. (1976). Passages: *Predictable Crises of Adult Life* (1st ed.). New York: Dutton. 『パッセージ――人生の危機』全2冊、ゲール・シーヒィ著、深沢道子訳、プレジデント社、1978年。

15. Sheehy, *Passages*, 400. シーヒィ、1978年、第2巻p.81。

16. Cook, Joan. (1971). "The Male Menopause: For Some, There's 'a Sense of Panic,'" *The New York Times*, April 5, 1971. https://www.nytimes.com/1971/04/05/archives/the-male-menopause-for-some-theres-a- sense-of-panic.html.

17. Jaques, E. (1965). "Death and the Mid-Life Crisis." *The International Journal of Psychoanalysis, 46*(4), 502-14.

18. Druckerman, Pamela. (2018). "How the Midlife Crisis Came to Be." *The Atlantic*, May 29, 2018. https://www.theatlantic.com/family/archive/2018/05/the-invention-of-the-midlife-crisis/561203.

19. Mischel, W., Ebbesen, E., and Raskoff Zeiss, A. (1972). "Cognitive and Attentional Mechanisms in Delay of Gratification." *Journal of Personality and Social Psychology, 21*(2), 204-18.

20. Mischel, Ebbesen, and Raskoff Zeiss. "Cognitive and Attentional Mechanisms in Delay of Gratification," 204-18.

21. Urist, Jacoba. (2014). "What the Marshmallow Test Really Teaches About Self-Control." *The Atlantic*, September 24, 2014. https://www.theatlantic.com/health/

17. Lane, David J., and Mathes, Eugene W. (2018). "The Pros and Cons of Having a Meaningful Life." *Personality and Individual Differences, 120*, 13-16.

18. Saunders, T., Driskell, J. E., Johnston, J. H., Salas, E. (1996). "The Effect of Stress Inoculation Training on Anxiety and Performance." *Journal of Occupational Health Psychology, 1*(2),170-86.

19. McCabe, B. (2004). "Beethoven's Deafness." *Annals of Otology, Rhinology and Laryngology, 113*(7), 511-25.

20. Saccenti, E., Smilde, A., and Saris,W. (2011). "Beethoven's Deafness and His Three Styles." BMJ, 343(7837), D7589.

21. Saccenti, Smilde, and Saris. "Beethoven's Deafness and His Three Styles," D7589.

22. Austin, Michael. (2003)."Berlioz and Beethoven." The Hector Berlioz website, January 2003. http://www.hberlioz.com/Predecessors/beethoven.htm

第9章

1. Blauw, A., Beninca, E., Laane, R., et al. (2012). "Dancing with the Tides: Fluctuations of Coastal Phytoplankton Orchestrated by Different Oscillatory Modes of the Tidal Cycle." *PLoS One 7*(11), E49319.

2. Dante Alighieri. (1995). *The Divine Comedy* (A. Mandelbaum, trans.). London: David Campbell.『神曲』全3冊、ダンテ・アリギエリ著、原基晶訳、講談社、2014年。

3. Ibarra, H., and Obodaru, O. (2016). "Betwixt and Between Identities: Liminal Experience in Contemporary Careers." *Research in Organizational Behavior, 36*, 47-64.

4. Feiler, B. (2020). *Life Is in the Transitions*. New York: Penguin Books.

5. Brooks, Arthur (host). (2020). "Managing Transitions in Life." In *The Art of Happiness with Arthur Brooks*, Apple Podcasts, August 4, 2020. https://podcasts.apple.com/us/podcast/managing-transitions-in-life/id1505581039?i=1000487081784.

6. Hammond, M., and Clay, D. (2006). *Meditations*. London: Penguin Books Limited, 24.『自省録』マルクス・アウレーリウス著、神谷美恵子訳、岩波書店、2007年。

7. Conroy, S., and O'Leary-Kelly, A. (2014). "Letting Go and Moving On: Work-Related Identity Loss and Recovery." *The Academy of Management Review, 39*(1), 67-87.

8. Ibarra and Obodaru. "Betwixt and Between Identities," 47-64.

4. Welborn, L. (2011). "Paul and Pain: Paul's Emotional Therapy in 2 Corinthians 1.1-2.13; 7.5-16 in the Context Ancient Psychagogic Literature." *New Testament Studies, 57*(4), 547-70.

5. 2 Corinthians 2:4 (NASB). コリントの信徒への手紙二２章４節（日本聖書協会 『聖書 新共同訳』）。

6. Thorup, C. B., Rundqvist, E., Roberts, C., and Delmar, C. (2012). "Care as a Matter of Courage: Vulnerability, Suffering and Ethical Formation in Nursing Care." *Scandinavian Journal of Caring Sciences,* 26(3), 427-35.

7. Lopez, Stephanie "Vulnerability in Leadership: The Power of the Courage to Descend." *Industrial-Organizational Psychology Dissertations*, 16.

8. Peck, Edward D. (1998). "Leadership and Defensive Communication: A Grounded Theory Study of Leadership Reaction to Defensive Communication." Dissertation, University of British Columbia. http://dx.doi.org/10.14288/1.0053974.

9. Fitzpatrick, Kevin. (2019). "Stephen Colbert's Outlook on Grief Moved Anderson Cooper to Tears." *Vanity Fair*, August 16, 2019. https://www.vanityfair.com/hollywood/2019/08/colbert-anderson-cooper-father-grief-tears.

10. Frankl, V. (1992). *Man's Search for Meaning: An Introduction to Logotherapy* (4th ed.). Boston: Beacon Press.『夜と霧 新版』 ヴィクトール・E.フランクル著、池田香代子訳、みすず書房、2002年。

11. Freud, S. (1922). "Mourning and Melancholia." *The Journal of Nervous and Mental Disease, 56* (5), 543-45.

12. Bonanno, G. (2004). "Loss, Trauma, and Human Resilience." *American Psychologist, 59*(1), 20-28.

13. Helgeson, V., Reynolds, K., and Tomich, P. (2006). "A Meta-Analytic Review of Benefit Finding and Growth." *Journal of Consulting and Clinical Psychology, 74*(5), 797-816.

14. Andrews, Paul W., and Thomson, J. Anderson. (2009). "The Bright Side of Being Blue." *Psychological Review, 116*(3), 620-54. https://doi.org/10.1037/a0016242.

15. University of Alberta. (2001). "Sad Workers May Make Better Workers." *ScienceDaily*, June 14, 2001. https://www.sciencedaily.com/releases/2001/06/010612065304.htm.

16. Baumeister, Roy F., Vohs, Kathleen D., Aaker, Jennifer L., and Garbinsky, Emily N. (2013). "Some Key Differences Between a Happy Life and a Meaningful Life." *The Journal of Positive Psychology, 8*(6), 505-16.

DC: American Psychological Association, 3-18.

5. Koenig, Harold G. (2016). "Religion and Medicine II: Religion, Mental Health, and Related Behaviors." *The International Journal of Psychiatry in Medicine, 31*(1), 97-109.

6. Gardiner, J. (2013). *Bach: Music in The Castle of Heaven* (1st U.S. ed.). New York: Knopf, 126.

7. Saraswati, Ambikananda. (2002). *The Uddhava Gita*. Berkeley, CA: Seastone.

8. Longfellow, Henry Wadsworth. (1922). *The Complete Poetical Works of Henry Wadsworth Longfellow*. Boston and New York: Houghton Mifflin, 492.

9. Koch, S., ed. (1959). *Psychology: A Study of a Science: Vol. 3. Formulations of the Person and the Social Context*. New York: McGraw-Hill.

10. Pew Research. (2012). "'Nones' on the Rise." https://www.pewforum.org/2012/10/09/nones-on-the-rise.

11. Scriven, Richard. (2014). "Geographies of Pilgrimage: Meaningful Movements and Embodied Mobilities." *Geography Compass*, 8(4), 249-61.

12. Santiago de Compostela Pilgrim Office (n.d.). "Statistical Report— 2019." https://oficinadelperegrino.com/estadisticas.

13. Hanh, T. N., and Lion's Roar. (2019). *Thich Nhat Hanh on Walking Meditation*. Lion's Roar. https://www.lionsroar.com/how-to-meditate-thich-nhat-hanh-on-walking-meditation.

14. Koyama, Kosuke. (1980). *Three Mile an Hour God*. Maryknoll, NY: Orbis Books.『助産婦は神を畏れていたので』小山晃佑著、原みち子訳、同信社、1988年。

15. Akşapāda. (2019). *The Analects of Rumi*. Self-published, 82.

第8章

1. 2 Corinthians 12:7-10 (NASB). コリントの信徒への手紙二12章7～10節（日本聖書協会『聖書 新共同訳』）。

2. Landsborough, D. (1987). "St. Paul and Temporal Lobe Epilepsy." *Journal of Neurology, Neurosurgery and Psychiatry, 50*(6), 659-64.

3. 2 Timothy 4:10-16 (NASB). テモテへの手紙二4章10～16節（日本聖書協会 『聖書 新共同訳』）。

Time Seriously." *The American Psychologist, 54*(3), 165-81.

49. Golding, Barry, ed. (2015). *The Men's Shed Movement: The Company of Men*. Champaign, IL: Common Ground Publishing.

50. Fallik, Dawn. (2018). "What to Do About Lonely Older Men? Put Them to Work." *The Washington Post*, June 24, 2018. https://www.washingtonpost.com/national/health-science/what-to-do-about-lonely-older-men-put-them-to-work/2018/06/22/0c07efc8-53ab-11e8-a551-5b648abe29ef_story.html.

51. Christensen, Clayton Dillon, Karen, and Allworth, James. (2012). *How Will You Measure Your Life?* (1st ed.). New York: Harper Business.『イノベーション・オブ・ライフ ハーバード・ビジネススクールを巣立つ君たちへ』クレイトン・M・クリステンセン、ジェームズ・アルワース、カレン・ディロン著、櫻井祐子訳、翔泳社、2012年。

52. Niemiec, R., and Deci, E. (2009). "The Path Taken: Consequences of Attaining Intrinsic and Extrinsic Aspirations in Post-College Life." *Journal of Research in Personality, 43*(3), 291-306.

53. Thoreau, H., Sanborn, F., Scudder, H., Blake, H., and Emerson, R. (1894). *The Writings of Henry David Thoreau: With Bibliographical Introductions and Full Indexes. In ten volumes* (Riverside ed., vol. 7). Boston and New York: Houghton Mifflin, 42-43.

第7章

1. Fowler, James W. (1981). *Stages of Faith: The Psychology of Human Development and the Quest for Meaning* (1st ed.). San Francisco: Harper & Row.

2. Fowler, James W. (2001). "Faith Development Theory and the Postmodern Challenges." *The International Journal for the Psychology of Religion, 11*(3), 159-72; Jones, J. M. (2020). "U.S. Church Membership Down Sharply in Past Two Decades." Gallup, November 23, 2020. https://news.gallup.com/poll/248837/church-membership-down-sharply-past-two-decades.aspx.

3. Marshall, J. (2020). "Are Religious People Happier, Healthier? Our New Global Study Explores This Question." Pew Research Center website. https://www.pewresearch.org/fact- tank/2019/01/31/are-religious-people-happier-healthier-our-new-global-study-explores-this-question/; McCullough, Michael E., and Larson, David B. (1999). "Religion and Depression: A Review of the Literature." *Twin Research, 2*(2), 126-36.

4. Miller, W. R., and Thoresen, C. E. (1999). "Spirituality and Health." In W. R. Miller (ed.), *Integrating Spirituality into Treatment: Resources for Practitioners*. Washington,

35. "Companionate Love" (2016). Psychology. IResearchNet website, January 23, 2016. http://psychology.iresearchnet.com/social-psychology/interpersonal-relationships/companionate-love.

36. Grover, Shawn, and Helliwell, John F. (2019). "How's Life at Home? New Evidence on Marriage and the Set Point for Happiness." *Journal of Happiness Studies, 20*(2), 373-90.

37. "Coolidge Effect." (n.d.).Oxford Reference website. https://www.oxfordreference.com/view/10.1093/oi/authority.20110803095637122.

38. Blanchflower, D. G., and Oswald, A. J. (2004). "Money, Sex and Happiness: An Empirical Study." *The Scandinavian Journal of Economics, 106*, 393-415.

39. Birditt, Kira S., and Antonucci, Toni C. (2007). "Relationship Quality Profiles and Well-Being Among Married Adults." *Journal of Family Psychology, 21*(4), 595-604.

40. Adams, Rebecca G. (1988). "Which Comes First: Poor Psychological Well-Being or Decreased Friendship Activity?" *Activities, Adaptation, and Aging, 12*(1-2), 27-41.

41. Dykstra, P. A., and de Jong Gierveld, J. (2004). "Gender and Marital-History Differences in Emotional and Social Loneliness among Dutch Older Adults." *Canadian Journal on Aging, 23*, 141-55.

42. Pinquart, M., and Sorensen, S. (2000). "Influences of Socioeconomic Status, Social Network, and Competence on Subjective Well-Being in Later Life: A Meta-Analysis." *Psychology and Aging, 15*, 187-224.

43. Fiori, Katherine L., and Denckla, Christy A. (2015). "Friendship and Happiness Among Middle-Aged Adults." In Melikşah Demir (ed.), *Friendship and Happiness*. Dordrecht: Springer Netherlands, 137-54.

44. Cigna. (2018). *2018 Cigna U.S. Loneliness Index*. Cigna website, Studies and Reports, May 1, 2018. https://www.multivu.com/players/English/8294451-cigna-us-loneliness-survey/docs/IndexReport_1524069371598-173525450.pdf.

45. Leavy, R. L. (1983). "Social Support and Psychological Disorder: A Review." *Journal of Community Psychology, 11*(1), 3-21.

46. Leavy. "Social Support and Psychological Disorder: A Review," 3-21.

47. Cohen, S. (1988). "Psychosocial Models of the Role of Social Support in the Etiology of Physical Disease." *Health Psychology, 7*, 269-97; House, J. S., Landis, K. R., and Umberson, D. (1988). "Social Relationships and Health." *Science, 241*(4865), 540-45.

48. Carstensen, Laura L., Isaacowitz, Derek M., and Charles, Susan T. (1999). "Taking

23. Fernet, Claude, Torrès, Olivier, Austin, Stéphanie, and St-Pierre, Josée. (2016). "The Psychological Costs of Owning and Managing an SME: Linking Job Stressors, Occupational Loneliness, Entrepreneurial Orientation, and Burnout." *Burnout Research, 3*(2), 45-53.

24. Kahneman, Daniel, Krueger, Alan B., Schkade, David A., et al. (2004)."A Survey Method for Characterizing Daily Life Experience: The Day Reconstruction Method." *Science, 306*(5702), 1776-80.

25. Kipnis, David. (1972). "Does Power Corrupt?" *Journal of Personality and Social Psychology, 24*(1), 33-41.

26. Mao, Hsiao-Yen. (2006). "The Relationship Between Organizational Level and Workplace Friendship." *The International Journal of Human Resource Management, 17*(10), 1819-33.

27. Cooper, Cary L., and Quick, James Campbell. (2003). "The Stress and Loneliness of Success." *Counselling Psychology Quarterly, 16*(1), 1-7.

28. Riesman, David, Glazer, Nathan, Denney, Reuel, and Gitlin, Todd. (2001). *The Lonely Crowd*. New Haven: Yale University Press.『孤独な群衆』デイヴィッド・リースマン著、加藤秀俊訳、みすず書房、2013年。

29. Rokach. "Leadership and Loneliness."

30. Payne, K. K. (2018). "Charting Marriage and Divorce in the U.S.: The Adjusted Divorce Rate." National Center for Family and Marriage Research. https://doi.org/10.25035/ncfmr/adr-2008-2017; Amato, Paul R. (2010). "Research on Divorce: Continuing Trends and New Developments." *Journal of Marriage and Family, 72*(3), 650-66.

31. Waldinger, Robert J., and Schulz, Marc S. (2010). "What's Love Got to Do with It? Social Functioning, Perceived Health, and Daily Happiness in Married Octogenarians." *Psychology and Aging, 25*(2), 422-31.

32. Finkel, E. J., Burnette, J. L., and Scissors, L. E. (2007). "Vengefully Ever After: Destiny Beliefs, State Attachment Anxiety, and Forgiveness." *Journal of Personality and Social Psychology, 92*(5), 871-86.

33. Aron, Arthur, Fisher, Helen, Mashek, Debra J., et al. (2005). "Reward, Motivation, and Emotion Systems Associated with Early-Stage Intense Romantic Love." *Journal of Neurophysiology, 94*(1), 327-37.

34. Kim, Jungsik, and Hatfield, Elaine. (2004). "Love Types and Subjective Well-Being: A Cross-Cultural Study." *Social Behavior and Personality, 32*(2), 173-82.

and Change, 2(1), article 6.

12. Hertz, Noreena. (2021). *The Lonely Century : How to Restore Human Connection in a World That's Pulling Apart* (1st U.S. ed.). New York: Currency;『The lonely century——なぜ私たちは「孤独」なのか』ノリーナ・ハーツ著、藤原朝子訳、ダイヤモンド社、2021年。
Holt-Lunstad, J., Smith, T., Baker, M., et al. (2015). "Loneliness and Social Isolation as Risk Factors for Mortality: A Meta-Analytic Review." *Perspectives on Psychological Science, 10*(2), 227-37.

13. Murthy, Vivek Hallegere. (2020). *Together: The Healing Power of Human Connection in a Sometimes Lonely World* (1st ed.). New York: Harper Wave.

14. "The 'Loneliness Epidemic.'" (2019). U.S. Health Resources and Services Administration website, January 10, 2019. https://www.hrsa.gov/enews/past-issues/2019/january-17/loneliness-epidemic.

15. "Loneliness Is at Epidemic Levels in America." Cigna website. https://www.cigna.com/about-us/newsroom/studies-and-reports/combatting-loneliness.

16. Segel-Karpas, Dikla, Ayalon, Liat, and Lachman, Margie E. (2016)."Loneliness and Depressive Symptoms: The Moderating Role of the Transition into Retirement." *Aging and Mental Health, 22*(1), 135-40.

17. Achor, S., Kellerman, G. R., Reece, A., and Robichaux, A. (2018). "America's Loneliest Workers, According to Research." *Harvard Business Review*, March 19, 2018, 2-6.

18. Keefe, Patrick Radden, Ioffe, Julia, Collins, Lauren, et al. (2017). "Anthony Bourdain's Moveable Feast." *The New Yorker*, February 5, 2017. https://www.newyorker.com/magazine/2017/02/13/anthony-bourdains-moveable-feast.

19. Almario, Alex. (2018). "The Unfathomable Loneliness." *Medium*, June 13, 2018. https://medium.com/@AlexAlmario/the-unfathomable-loneliness-df909556d50d.

20. Cacioppo, John T., and Patrick, William. (2008). *Loneliness: Human Nature and the Need for Social Connection* (1st ed.). New York: W. W. Norton.『孤独の科学——人はなぜ寂しくなるのか』ジョン・T・カシオポ、ウィリアム・パトリック著、柴田裕之訳、河出書房新社、2018年。

21. Schawbel, Dan. (2018). "Why Work Friendships Are Critical for Long-Term Happiness." CNBC, November 13, 2018. https://www.cnbc.com/2018/11/13/why-work-friendships-are-critical-for-long-term-happiness.html.

22. Saporito, Thomas J. (2014). "It's Time to Acknowledge CEO Loneliness." *Harvard Business Review*, July 23, 2014. https://hbr.org/2012/02/its-time-to-acknowledge-ceo-lo.

14. Montaigne, Michel. (2004). *The Complete Essays*. London: Penguin Books Limited, 89. 『エセー』全6冊（ワイド版岩波文庫）、モンテーニュ著、原二郎訳、岩波書店、1991年。

15. Forster, E. M. (1999). *Howards End*. New York: Modern Library.『ハワーズ・エンド』E.M.フォースター著、吉田健一訳、集英社、1992年。

16. García Márquez, Gabriel. (2005). *Memories of My Melancholy Whores* (Edith Grossman, trans; 1st ed.). New York: Knopf.

第6章

1. Kilmer, Joyce. (1914). *Trees and Other Poems*. New York: George H. Doran Company.

2. Psalms 1:3 (King James Version). 詩編1編3節（日本聖書協会 『聖書 新共同訳』）。

3. Ricard, Matthieu. (2018). "The Illusion of the Self." Blog post, October 9, 2018. https://www.matthieuricard.org/en/blog/posts/the-illusion-of-the- self-2.

4. Mineo, Liz. (2018). "Good Genes Are Nice, but Joy Is Better." *Harvard Gazette*, November 26, 2018. https://news.harvard.edu/gazette/story/2017/04/over-nearly-80-years-harvard-study-has-been-showing-how-to-live-a-healthy-and-happy-life.

5. Vaillant, George E. (2002). *Aging Well: Surprising Guideposts to a Happier Life from the Landmark Harvard Study of Adult Development* (1st ed.). New York: Little, Brown, 202. 『50歳までに「生き生きした老い」を準備する』ジョージ・E・ヴァイラント著、米田隆訳、ファーストプレス、2008年。

6. Vaillant, George E., and Mukamal, Kenneth. (2001). "Successful Aging." *American Journal of Psychiatry, 158*(6), 839-47.

7. Vaillant, George E. (2012). *Triumphs of Experience: The Men of the Harvard Grant Study*. Cambridge, MA: Belknap Press of Harvard University Press, 52.

8. Vaillant. *Triumphs of Experience*, 50.

9. Tillich, Paul. (1963). *The Eternal Now*. New York: Scribner.『永遠の今』パウル・ティリッヒ著、茂洋訳、新教出版社、1986年。

10. Wolfe, Thomas. (1962). *The Thomas Wolfe Reader* (C. Hugh Holman, ed.). New York: Scribner.

11. Cacioppo, John T., Hawkley, Louise C., Norman, Greg J., and Berntson, Gary G. (2011). "Social Isolation." *Annals of the New York Academy of Sciences, 1231*(1), 17-22; Rokach, Ami. (2014). "Leadership and Loneliness," *International Journal of Leadership*

05/15/these-top-10-bucket-list-items-singles-lists/319931001.

第5章

1. Becker, Ernest. (1973). *The Denial of Death*. New York: Free Press, 17.『死の拒絶』アーネスト・ベッカー著、今防人訳、平凡社、1989年。

2. "America's Top Fears 2016—Chapman University Survey of American Fears." (2016). *The Voice of Wilkinson* (blog), Chapman University, October 11, 2016. https://blogs.chapman.edu/wilkinson/2016/10/11/americas-top-fears-2016.

3. Hoelter, Jon W., and Hoelter, Janice A. (1978). "The Relationship Between Fear of Death and Anxiety." *The Journal Psychology, 99*(2), 225-26.

4. Cave, Stephen. (2012). *Immortality: The Quest Forever and How It Drives Civilization* (1st ed.). New York: Crown, 23.『ケンブリッジ大学・人気哲学者の「不死」の講義』スティーヴン・ケイヴ著、柴田裕之訳、日経BP、2021年。

5. Mosley, Leonard. (1985). *Disney's World: Biography*. New York: Stein and Day, 123.

6. Laderman, G. (2000). "The Disney Way of Death." *Journal of the American Academy of Religion, 68*(1), 27-46.

7. Barroll, J. L. (1958). "Gulliver and the Struldbruggs." *PMLA, 73*(1),43-50.

8. Homer. (1990). *The Iliad* (Robert Fagles, trans.). New York: Viking.『完訳イリアス』ホメロス著、小野塚友吉訳、風濤社、2004年。

9. Marcus Aurelius.(1912). *The Thoughts of the Emperor Marcus Aurelius Antoninus* (George Long, trans.). London: Macmillan, 8.25.『自省録』マルクス・アウレーリウス著、神谷美恵子訳、岩波書店、2007年。

10. Brooks, David. (2015). *The Road to Character*. New York: Penguin Random House.『あなたの人生の意味——先人に学ぶ「惜しまれる生き方」』デイヴィッド・ブルックス著、夏目大訳、早川書房、2017年。

11. Kalat, W. (2021). *Introduction to Psychology*. United States: Cengage Learning.

12. Bohnlein, Joscha, Altegoer, Luisa, Muck, Nina Kristin, et al. (2020). "Factors Influencing the Success of Exposure Therapy for Specific Phobia: A Systematic Review." *Neuroscience and Biobehavioral Reviews*, 108, 796-820.

13. Goranson, Amelia, Ritter, Ryan S., Waytz, Adam, et al. (2017). "Dying Is Unexpectedly Positive." *Psychological Science, 28*(7), 988-99.

Oxford University Press.『ローマ帝国衰亡史』全11巻(ちくま学芸文庫)、エドワード・ギボン著、中野好夫、朱牟田夏雄、中野好之訳、筑摩書房、1996年。

13. Senior, J. (2020). "Happiness Won't Save You." *The New York Times*, November 24, 2020. https://www.nytimes.com/2020/11/24/opinion/happiness-depression-suicide-psychology.html.

14. Au-Yeung, Angel, and Jeans, David. (2020). "Tony Hsieh's American Tragedy: The Self-Destructive Last Months of the Zappos Visionary." *Forbes*, December 7, 2020. https://www.forbes.com/sites/angelauyeung/2020/12/04/tony-hsiehs-american-tragedy-the-self-destructive-last-months-of-the-zappos-visionary/?sh=64c29a0f4f22; Henry, Larry. (2020). "Tony Hsieh Death: Report Says Las Vegas Investor Threatened Self-Harm Months Before—Casino.org Caller Phones 911 Months Before Las Vegas Investor Tony Hsieh's Death in Effort to Help: Report." Casino.org website, December 19, 2020. https://www.casino.org/news/caller-phones-911-months-before-las-vegas-investor-tony-hsiehs-death-in-effort-to-help-report.

15. Cutler, Howard C. (1998). *The Art of Happiness: A Handbook for Living*. New York: Riverhead Books, 27.『ダライ・ラマこころの育て方』ダライ・ラマ14世、ハワード・C.カトラー著、今井幹晴訳、求龍堂、2000年。

16. Escriva, Josemaria. "The Way, Poverty." Josemaria Escriva: A Website Dedicated to the Writings of Opus Dei's Founder. https://www.escriva works.org/book/the_way-point-630.htm.

17. Sinek, Simon. (2009). *Start with Why*. New York: Portfolio.『WHYから始めよ!——インスパイア型リーダーはここが違う』サイモン・シネック著、栗木さつき訳、日本経済新聞出版社、2012年。

18. Sullivan, J., Thornton Snider, J., Van Eijndhoven, E., et al. (2018). "The Well- Being of Long-Term Cancer Survivors." *American Journal of Managed Care, 24*(4), 188-95.

19. Wallis, Glenn. (2004). *The Dhammapada: Verses on the Way*. New York: Modern Library, 70.

20. Voltaire, Francois. (2013). *Candide, Or Optimism*. London: Penguin Books Limited.

21. Hanh, Thich Nhat. (1987). *The Miracle of Mindfulness: A Manual on Meditation* (Gift ed.). Boston: Beacon Press.『マインドフルの奇跡——今ここにほほえむ』ティク・ナット・ハン著、ウェッブ・オブ・ライフ訳、仙田典子監訳、壮神社、1995年。

22. Bowerman, Mary. (2017). "These Are the Top 10 Bucket List Items on Singles' Lists." *USA Today*, May 18, 2017. https://www.usatoday.com/story/life/nation-now/2017/

28. Schopenhauer, A., and Payne, E. (1974). *Parerga and Paralipomena: Short Philosophical Essays*. Oxford: Clarendon Press.

29. Lyubomirsky, Sonja, and Ross, Lee. (1997). "Hedonic Consequences of Social Comparison." *Journal of Personality and Social Psychology, 73*(6), 1141-57.

第4章

1. *Tao Te Ching*, ch. 37.『老子』第37章

2. Forbes, R. (2019). "My Father, Malcolm Forbes: A Never-Ending Adventure." *Forbes*, August 19, 2019. https://www.forbes.com/sites/forbesdigitalcovers/2019/08/19/my-father-malcolm-forbes-a-never-ending-adventure/?sh=4e80c42219fb.

3. このトマスの教訓を形成するうえで最も貢献しているのは、神学者でカトリック司教のロバート・バロンである。Barron, Robert E. (2011). Catholicism: A Journey to the Heart of the Faith. New York: Random House, 43.

4. Barron. *Catholicism*, 43.

5. Cannon, W. (1932). *The Wisdom of the Body*. Human Relations Collection. New York: W. W. Norton & Company.『からだの知恵――この不思議なはたらき』W. B. キャノン著、舘鄰、舘澄江訳、講談社、1981年。

6. Swallow, S., and Kuiper, N. (1988). "Social Comparison and Negative Self-Evaluations: An Application to Depression." *Clinical Psychology Review, 8*(1), 55-76.

7. Lyubomirsky, S. (1995). "The Hedonic Consequences of Social Comparison: Implications for Enduring Happiness and Transient Mood." *Dissertation Abstracts International: Section B, The Sciences and Engineering, 55*(10-B), 4641.

8. Kahneman, D., and Tversky, A. (1979). "Prospect Theory: An Analysis of Decision under Risk." *Econometrica, 47*, 263-91.

9. Gill, D., and Prowse, V. (2012). "A Structural Analysis of Disappointment Aversion in a Real Effort Competition." *American Economic Review, 102*(1), 469-503.

10. Shaffer, Howard J. (2017). "What Is Addiction?" Harvard Health website, June 20, 2017. https://www.health.harvard.edu/blog/what-is-addic tion-2-2017061914490.

11. Tobler, P. (2009). "Behavioral Functions of Dopamine Neurons." In *Dopamine Handbook*. New York: Oxford University Press, ch. 6.4.

12. Gibbon, E. (1906). *The History of the Decline and Fall of the Roman Empire*. London:

Being: The Impact of Self-Objectification on Women's Overall Sense of Self-Worth and Life Satisfaction." *Sex Roles, 58*(7), 458-66.

18. Bell, Beth T., Cassarly, Jennifer A., and Dunbar, Lucy. (2018). "Selfie-Objectification: Self-Objectification and Positive Feedback ('Likes') Are Associated with Frequency of Posting Sexually Objectifying Self-Images on Social Media." *Body Image*, 26, 83-89.

19. Talmon, Anat, and Ginzburg, Karni. (2016). "The Nullifying Experience of Self-Objectification: The Development and Psychometric Evaluation of the Self-Objectification Scale." *Child Abuse and Neglect, 60*, 46-57; Muehlenkamp, Jennifer J., and Saris-Baglama, Renee N. (2002). "Self-Objectification and Its Psychological Outcomes for College Women." *Psychology of Women Quarterly, 26*(4), 371-79.

20. Quinn, Diane M., Kallen, Rachel W., Twenge, Jean M., and Fredrickson, Barbara L. (2006). "The Disruptive Effect of Self-Objectification on Performance." *Psychology of Women Quarterly, 30*(1),59-64.

21. McLuhan, M. (1964). *Understanding Media: The Extensions of Man* (1st ed.). New York: McGraw- Hill.『メディア論──人間の拡張の諸相』マーシャル・マクルーハン著、栗原裕、河本仲聖訳、みすず書房、1987年。

22. Thomas Aquinas. (1920/2008). *Summa Theologica* (Fathers of the English Dominican Province, trans.; 2nd, rev. ed.). New Advent website, part 2, quest. 162, art. 1. https://www.newadvent.org/summa/3162.htm.

23. Canning, Raymond, trans. (1986). *The Rule of Saint Augustine*. Garden City, NY: Image Books, 56; Dwyer, Karen Kangas, and Davidson, Marlina M. (2012). "Is Public Speaking Really More Feared Than Death?" *Communication Research Reports, 29*(2), 99–107.

24. Croston, Glenn. (2012). "The Thing We Fear More Than Death." *Psychology Today*, November 29, 2012. https://www.psychologytoday.com/us/blog/the-real-story-risk/201211/the-thing-we-fear-more-death.

25. "2018 Norwest CEO Journey Study." (2018). Norwest Venture Partners website, August 22, 2018. https://nvp.com/ceojourneystudy/#fear-of-failure.

26. Rousseau, Jean-Jacques. (1904). *The Confessions of Jean Jacques Rousseau: Now for the First Time Completely Translated into English Without Expurgation*. Edinburgh: Oliver and Boyd, 86.

27. Schultheiss, Oliver C., and Brunstein, Joachim C. (2010). *Implicit Motives*. New York and Oxford: Oxford University Press, 30.

6. Robinson, Carroll, and Flowers. "Marital Estrangement, Positive Affect, and Locus of Control Among Spouses of Workaholics and Spouses of Nonworkaholics," 397-410; Farrell, Maureen. (2012). "So You Married a Workaholic." *Forbes*, July 19, 2012. https://www.forbes.com/2007/10/03/work- workaholics- careers-entrepreneurs-cx_mf_1004work spouse.html#63db1bb32060.

7. C.W. (2014). "Proof That You Should Get a Life." *The Economist*, December 9, 2014. https://www.economist.com/free-exchange/2014/12/09/proof-that-you-should-get-a-life.

8. Sugawara, Sho K., Tanaka, Satoshi, Okazaki, Shuntaro, et al. (2012). "Social Rewards Enhance Offline Improvements in Motor Skill." *PloS One, 7*(11), E48174.

9. Shenk, J. (2005). *Lincoln's Melancholy: How Depression Challenged a President and Fueled His Greatness*. Boston: Houghton Mifflin.『リンカーン──うつ病を糧に偉大さを鍛え上げた大統領』ジョシュア・ウルフ・シェンク著、越智道雄訳、明石書店、2013年。

10. Gartner, J. (2005). *The Hypomanic Edge: The Link Between (a Little) Craziness and (a Lot of) Success in America*. New York: Simon & Schuster.

11. Goldman, B., Bush, P., and Klatz, R. (1984). *Death in the Locker Room: Steroids and Sports*. South Bend, IN: Icarus Press.

12. Ribeiro, Alex Dias. (2014). "Is There Life After Success?" *Wondering Fair*, August 11, 2014. https://wonderingfair.com/2014/08/11/is-there-life-after-success.

13. Papadaki, Evangelia. (2021). "Feminist Perspectives on Objectification." *The Stanford Encyclopedia of Philosophy* (Spring 2021 ed.), Edward N. Zalta (ed.). https://plato.stanford.edu/archives/spr2021/entries/feminism-objectification.

14. Marx, Karl. (1959). "Estranged Labour." In *Economic and Philosophic Manuscripts of 1844*. Moscow: Progress Publishers. https://www.marxists.org/archive/marx/works/1844/manuscripts/labour.htm.『経済学・哲学草稿』マルクス著、長谷川宏訳、光文社、2010年。

15. Crone, Lola, Brunel, Lionel, and Auzoult, Laurent. (2021). "Validation of a Perception of Objectification in the Workplace Short Scale (POWS)." *Frontiers in Psychology 12*:651071.

16. Auzoult, Laurent, and Personnaz, Bernard. (2016). "The Role of Organizational Culture and Self-Consciousness in Self-Objectification in the Workplace." *Testing, Psychometrics, Methodology in Applied Psychology, 23*(3), 271-84.

17. Mercurio, Andrea E., and Landry, Laura J. (2008). "Self-Objectification and Well-

2013. http://money.cnn.com/2013/06/17/retirement/professors-retire/index.html.

7. Harrison, Stephen. (2008). *A Companion to Latin Literature* (1st ed.). Blackwell Companions to the Ancient World series. Williston, VT: Wiley-Blackwell, 31.

8. Cicero, Marcus Tullius. (1913). *De Officiis* (Walter Miller, trans.). William Heinemann: London; Macmillan: New York, 127.『義務について』キケロー著、角南一郎訳、現代思潮社、1974年。

9. Seneca. (1928). Suasoria 6:18 (W. A. Edward, trans.). http://www.attalus.org/translate/suasoria6.html.

10. Psalm 90:12 (NASB). 詩編90編12節（日本聖書協会 『聖書 新共同訳』）。

11. Elie, P. (2012). *Reinventing Bach* (1st ed.). New York: Farrar, Straus and Giroux, 447.

12. Miles, Russell Hancock. (1962). *Johann Sebastian Bach: An Introduction to His Life and Works*. Englewood Cliffs,NJ: Prentice-Hall, 19.

第3章

1. OECD. (2015). *Tackling Harmful Alcohol Use*. Paris: Organisation for Economic Cooperation and Development, 64.

2. Oates, Wayne Edward. (1971). *Confessions of a Workaholic: The Facts About Work Addiction*. New York: World Publishing.『ワーカホリック：働き中毒患者の告白』ウェイン・オーツ著、小堀用一朗訳、日本生産性本部、1972年。

3. Porter, Michael E., and Nohria, Nitin. (2018). "How CEOs Manage Time." *Harvard Business Review, 96*(4), 42-51; "A Brief History of the 8-hour Workday, Which Changed How Americans Work." CNBC, May 5, 2017. https:// www.cnbc.com/2017/05/03/how-the-8-hour-workday-changed-how-americans-work.html.

4. Killinger, Barbara. (2006). "The Workaholic Breakdown Syndrome." In *Research Companion to Working Time and Work Addiction*. New Horizons in Management series. Cheltenham, UK: Edward Elgar, 61-88.

5. Robinson, Bryan E. (2001). "Workaholism and Family Functioning: A Profile of Familial Relationships, Psychological Outcomes, and Research Considerations." *Contemporary Family Therapy, 23*(1), 123-35; Robinson, Bryan E., Carroll, Jane J., and Flowers, Claudia. (2001). "Marital Estrangement, Positive Affect, and Locus of Control Among Spouses of Workaholics and Spouses of Nonworkaholics: A National Study." *American Journal of Family Therapy, 29*(5), 397-410.

績と生涯』エイブラハム・パイス、デイヴィッド・オリーヴ、モーリス・ジェイコブ著、藤井昭彦訳、丸善、2001年。

19. Cave, Stephen. (2011). *Immortality: The Quest to Live Forever and How It Drives Civilization* 1st ed.). New York: Crown.『ケンブリッジ大学・人気哲学者の「不死」の講義』スティーヴン・ケイヴ著、柴田裕之訳、日経BP、2021年

20. 一例として、Gruszczyńska, Ewa, Kroemeke, Aleksandra, Knoll, Nina, et al. (2019). "Well-Being Trajectories Following Retirement: A Compensatory Role of Self-Enhancement Values in Disadvantaged Women." *Journal of Happiness Studies, 21*(7), 2309.を参照。

21. Holahan, Carole K., and Holahan, Charles J. (1999). "Being Labeled as Gifted, Self-Appraisal, and Psychological Well-Being: A Life Span Developmental Perspective." *The International Journal of Aging and Human Development, 48*(3), 161-73.

第2章

1. Keuleers, Emmanuel, Stevens, Michael, Mandera, Paweł, and Brysbaert, Marc. (2015). "Word Knowledge in the Crowd: Measuring Vocabulary Size and Word Prevalence in a Massive Online Experiment." *Quarterly Journal of Experimental Psychology, 68*(8), 1665-92.

2. Hartshorne, Joshua K., and Germine, Laura T. (2015). "When Does Cognitive Functioning Peak? The Asynchronous Rise and Fall of Different Cognitive Abilities Across the Life Span." *Psychological Science, 26*(4), 433-43; Vaci, N., Cocić, D., Gula, B., and Bilalić, M. (2019). "Large Data and Bayesian Modeling-Aging Curves of NBA Players." *Behavior Research Methods, 51*(4), 1544-64.

3. Peng, Peng, Wang, Tengfei, Wang, Cuicui, and Lin, Xin. (2019). "A Meta-Analysis on the Relation Between Fluid Intelligence and Reading/Mathematics: Effects of Tasks, Age, and Social Economics Status." *Psychological Bulletin, 145*(2), 189-236.

4. Horn, J. L. (2008). "Spearman, G, Expertise, and the Nature of Human Cognitive Capability." In P. C. Kyllonen, R. D. Roberts, and L. Stankov (eds.), *Extending Intelligence: Enhancement and New Constructs*. New York: Lawrence Erlbaum Associates, 185-230.

5. Kinney, Daniel P., and Smith, Sharon P. (1992). "Age and Teaching Performance." *The Journal of Higher Education, 63*(3), 282-302.

6. Hicken, Melanie. (2013). "Professors Teach into Their Golden Years." CNN, June 17,

9. Warr, P. (1995). "Age and Job Performance." In J. Snel and R. Cremer (eds.), *Work and Aging: A European Prospective*. London: Taylor & Francis, 309-22.

10. "Civil Service Retirement System (CSRS)." (2017). Federal Aviation Administration website, January 13, 2017. https://www.faa.gov/jobs/employment_information/benefits/csrs.

11. 出典はSimonton, D. (1997). "Creative Productivity: A Predictive and Explanatory Model of Career Trajectories and Landmarks." Psychological Review, 104(1), 66-89.

12. Tribune News Services. (2016). "World's Longest Serving Orchestra Musician, Collapses and Dies During Performance." *Chicago Tribune*, May 16, 2016. https://www.chicagotribune.com/entertainment/music/ct-jane-little-dead-20160516-story.html.

13. Reynolds, Jeremy. (2018). "Fired or Retired? What Happens to the Aging Orchestral Musician." *Pittsburgh Post-Gazette*, September 17, 2018. https:// www.post- gazette.com/ae/music/2018/09/17/Orchestra-musician-retirement-age-discrimination-lawsuit-urbanski- michigan- symphony- audition- pso/stories/201808290133. クラシック音楽家のピークパフォーマンスを学術的に追究した数少ない研究の1つが、2014年、『Musicae Scientiae』誌に発表された。20歳から69歳のプロ音楽家2536人を対象としたその調査によれば、音楽家本人の感覚では、パフォーマンスは30代でピークに達し、40代には落ちはじめる。このピーク時期は、音楽同様に熾烈で高い集中力を要する他分野のピーク時期と一致するようだ。たとえばチェスのトッププレイヤーは通常、30代にピークを迎える。Gembris, H., and Heye, A. (2014). "Growing Older in a Symphony Orchestra: The Development of the Age-Related Self-Concept and the Self-Estimated Performance of Professional Musicians in a Lifespan Perspective." *Musicae Scientiae, 18*(4), 371-91.を参照。

14. Myers, David G., and DeWall, C. Nathan. (2009). *Exploring Psychology*. New York: Macmillan Learning, 400-401.

15. Davies, D. Roy, Matthews, Gerald, Stammers, Rob B., and Westerman, Steve J. (2013). *Human Performance: Cognition, Stress and Individual Differences*. Hoboken, NJ: Taylor & Francis, 306.

16. Kramer, A., Larish, J., and Strayer, D. (1995). "Training for Attentional Control in Dual Task Settings: A Comparison of Young and Old Adults." *Journal of Experimental Psychology: Applied, 1*(1), 50-76.

17. Ramscar, M., Hendrix, P., Shaoul, C., et al. (2014). "The Myth of Cognitive Decline: Non-Linear Dynamics of Lifelong Learning." *Topics in Cognitive Science, 6*(1), 5-42.

18. Pais, A., and Goddard, P. (1998). *Paul Dirac: The Man and His Work*. Cambridge and New York: Cambridge University Press.『反物質はいかに発見されたか――ディラックの業

原注

はじめに

1. Bowman, James. (2013). "Herb Stein's Law." *The New Criterion, 31*(5), 1.

第1章

1. Bowlby, J. (1991). *Charles Darwin: A New Life* (1st American ed.). New York: W. W. Norton, 437.

2. Taylor, P., Morin, R., Parker, K., et al. (2009). "Growing Old in America: Expectations vs. Reality." Pew Research Center's Social and Demographic Trends Project, June 29, 2009. https://www.pewresearch.org/social-trends/2009/06/29/growing-old-in-america-expectations-vs-reality.

3. The oldest peak is age thirty-nine, in the case of ultra-distance cycling. Allen, Sian V., and Hopkins, Will G. (2015). "Age of Peak Competitive Performance of Elite Athletes: A Systematic Review." *Sports Medicine (Auckland), 45*(10), 1431-41.

4. Jones, Benjamin F. (2010). "Age and Great Invention." *The Review of Economics and Statistics, 92*(1), 1-14.

5. Ortiz, M. H. (n.d.). "New York Times Bestsellers: Ages of Authors." *It's Harder Not To* (blog). http://martinhillortiz.blogspot.com/2015/05/new-york-times-bestsellers-ages-of.html.

6. Korniotis, George M., and Kumar, Alok. (2011). "Do Older Investors Make Better Investment Decisions?" *The Review of Economics and Statistics, 93*(1), 244-65.

7. Tessler, M., Shrier, I., and Steele, R. (2012). "Association Between Anesthesiologist Age and Litigation." *Anesthesiology, 116*(3), 574-79. As doctors have succeeded in keeping us alive longer, they've also kept themselves alive— and practicing clinically—longer. 医師は私たちの寿命を延ばすのに成功するとともに、自身の寿命も延ばし、臨床に長く携わるようになっている。Dellinger, E., Pellegrini, C., and Gallagher, T. (2017). "The Aging Physician and the Medical Profession: A Review." *JAMA Surgery, 152*(10), 967-71.を参照。

8. Azoulay, Pierre, and Jones, Benjamin F. (2019). "Research: The Average Age of a Successful Startup Founder Is 45." *Harvard Business Review*, July 11, 2018. https://hbr.org/2018/07/research-the-average-age-of-a-successful-startup-founder-is-45.

[著者]

アーサー・C・ブルックス　Arthur C. Brooks

幸福について研究する社会科学者。ハーバード・ケネディ・スクールのウィリアム・ヘンリー・ブルームバーグ教授職（パブリック・リーダーシップ実践）、ハーバード・ビジネス・スクール教授（経営実践）。12冊の著作を持つベストセラー作家で、講演者としても高い評価を受けている。現在、『アトランティック』誌でコラム「人生の築き方」を好評連載中。過去には、ワシントンD.C.のシンクタンクであるアメリカン・エンタープライズ研究所の会長を10年間務めた。最初の職はクラシック音楽のホルン奏者で、アメリカやスペインで楽団員として12年間活動していた。シアトル出身。現在はマサチューセッツ州ニーダムで妻エスター・ムント＝ブルックスとともに暮らす。成人した子どもが３人いる。

[訳者]

木村千里　きむら・ちさと

上智大学文学部英文学科卒業。システム開発に従事したのちフリーランス翻訳者となる。訳書に『ウォートン・スクールの本当の成功の授業』『心の容量が増えるメンタルの取扱説明書』（ともにディスカヴァー・トゥエンティワン）、『ウェルビーイングの設計論』（共訳／ビー・エヌ・エヌ新社）、『1440分の使い方』（パンローリング）、『帰還兵の戦争が終わるとき』（草思社）、『自分でできる子に育つ　最高の言葉かけ』（SBクリエイティブ）ほか。

人生後半の戦略書

ハーバード大教授が教える
人生とキャリアを再構築する方法

2023年3月10日　初版第1刷発行
2024年10月17日　初版第7刷発行

著者	アーサー・C・ブルックス
訳者	木村千里
発行者	出井貴完
ブックデザイン	轡田昭彦＋坪井朋子
校正	ペーパーハウス
翻訳協力	株式会社トランネット（www.trannet.co.jp）
印刷・製本	中央精版印刷株式会社
編集担当	小澤由利子（SBクリエイティブ）
発行所	SBクリエイティブ株式会社 〒105-0001 東京都港区虎ノ門2-2-1

本書をお読みになったご意見・ご感想を
下記URL、またはQRコードよりお寄せください。

https://isbn2.sbcr.jp/18476/

ISBN978-4-8156-1847-6